アクロス福岡文化誌2

ふるさとの食

アクロス福岡文化誌
編纂委員会編

海鳥社

はじめに

アクロス福岡文化誌編纂委員会

「アクロス福岡文化誌」シリーズの刊行は、先人たちが築いてきた文化遺産や風土――〝ふるさとの宝物〟を再発見し、後世に伝えていくことを目的としています。福岡県域を主軸に、九州、アジアにも目を向けながら、ふるさとの文化をテーマごとに紹介していきます。

　第二巻目のテーマは「ふるさとの食」です。県内を海・山里・町というエリアに分け、各地の伝統的な郷土料理や食材の由来、調理法を紹介します。さらに、行事や祭りにかかわる食の様式や風習、調理器具や食生活の変遷まで、福岡県の食文化を総覧します。

　食は人が生きていく上で欠かせない命の源。食材は天から与えられた恵み。豊かな自然に囲まれた福岡は、山海の幸に恵まれており、天然食材の宝庫であるといえます。また、古来より海に開かれた福岡は、中国・朝鮮半島を始めとするアジア、ヨーロッパなどの影響を受け、豊かな食文化が形成されてきました。

　昨今、食品の偽装表示や輸入食材の安全性など、食に関する問題が多発しています。一方で、和食を中心とした伝統的な料理や素朴な家庭の味が見直され、「地産地消」や「スローフード」「食育」などに代表されるように、食に対する関心が高まってきています。そうした時代のニーズに応えつつ、先人たちが伝えてきた食の歴史を辿り、風土に根ざした暮らしや生活の知恵など、日本文化の原点を探り、後世に語り継ごうという試みは、この文化誌にふさわしいテーマだと考えます。

　執筆は様々なかたちで福岡県の食に携わっている方々にお願いし、各地の現状を踏まえた内容となっています。取材にご協力いただいた方々、写真・資料をご提供くださった機関・団体など、関係者各位のお力添えに心よりお礼申し上げます。

　ふるさとの食には、感謝の気持ちやもてなしの精神、心と身体の調和、一家団欒など、大切な要素が含まれています。本書が、日常の食生活を見つめ直すきっかけとなることを願っています。

アクロス福岡文化誌2 ふるさとの食

目次

町の味

食のスタイル

右ページ下３点：撮影協力＝柳川市稲荷町・夜明茶屋／左ページ下の右２点：『玄海のさかな』（福岡県筑前海沿岸漁業振興協会）より

総説

福岡の食文化

中村学園大学短期大学部教授　松隈紀生

食の原点

人はなぜ食事をするのだろう。

一つには、生命を維持する上での栄養を身体に取り込むため。二つには、複数の人が一緒に同じものを食べることにより、共同体としての帰属意識を持ち、それを強化する意味がある。さらには、心を癒し、食物に感謝し、他の人のことを思いやる心を育てるのである。

人の食べ物に対する欲求の一番目は飢餓状態を防ぐこと。さらに、満足が得られるまで食べること。お腹いっぱい食べられるようになると、贅沢な食事、おいしい料理を求めたり（美味求心）、健康で長生き（不老長寿）を希求したりするのである。

現在の日本人の食を私なりに分析すると、美味を求める傾向が強くなる一方、ジャンクフード、ファストフードが広がったり、不老長寿を願って食材を追求したりしている。他方では、食の見直しが進み、地産地消やスローフード運動、食育の重要性が見直されてもいる。

もともと私たちの食生活は、昭和の初め頃まで地産地消であった。四季折々、その土地でとれたものを食べ、残った食材は保存食として残していた。また、正月や祝い事では「ハレの食」として特別なご馳走を用意した。

そして現在、その「ふるさとの食」が体にいい料理であることが理解されてきた。しかし、その味を作り出すための食材の中にはすでに手に入らなくなったものもあり、また作り方を知らない人も多くなった。私たちは食の原点を見つめ直し、福岡の食文化、ふるさとの食を伝え残していかなければならない。

市場に並ぶ新鮮な魚介類（福岡市中央区・柳橋連合市場）

郷土料理を生み出す要素

郷土料理を生み出す要素は四つあると思われる。

一つには、気候、風土がある。

福岡県の年平均気温は一六・二度、年間平均降水量は一六〇四ミリで、概して温暖な気候である。しかし、周囲を山に囲まれた内陸平野部は、夏は猛暑になりやすく、冬は氷点下まで下がることもあり、寒暖の変動が激しい。また、県全域が梅雨前線や台風の影響を受けやすい地域に位置している。

地理的には、まず性格の異なる三つの海に囲まれていることが挙げられる。それぞれの海から、多種類の新鮮な魚介類が水揚げされる。特に海に近い福岡市や北九州市では、「ひるもん」といわれる鮮度のいい魚介類が手に入る。

ひるもんとは、朝に水揚げされ昼には市場に並んでいる魚のこと。鮮度がいいために、刺身、タイやサバのゴマ醬油づけなど、魚の旨味を活かした料理法が発達した。シロウオの踊り食いは、泳いでいる魚をそのまま食べるのであるから、その最たるものだ。

　魚の煮付けにしても、醬油でサッと煮るだけで魚の旨味が出ておいしい。また、海の幸と山菜、野菜などを組み合わせた、ちり鍋やぬた和え、儀助煮などが作られた。がめ煮も、海に近い所では鶏の代わりにブリやサワラ、川に近い所ではコイなどを使う。

　山間部では、浜で塩じめしたサバやカマスの一本鮨などがあり、川の流域にはドジョウ汁のように川の幸と野菜を使った料理が生まれた。平野部では、裏作として作る麦や根菜、豆類を使っただご汁、イモ饅頭、ふなやきなどを味わうことができる。

　次の要素として、歴史が挙げられる。福岡の食には、特に歴史の影響が強い。

　古くから大陸の窓口であった福岡（特に博多）では、朝鮮半島や中国の料理を自分たちの舌に合う味に変えてきた。水炊き、モツ鍋、けんちんなどが代表的なところだ。現在でも国内外からの居住者が多く、食文化がさらに発展している。一例を挙げれば、九州各地の味噌汁は麦味噌を使うが、福岡では誰にでも好まれるようにと、麦味噌と米味噌を混ぜ合わせた合わせ味噌が使われる。

　三つめの要素は、宗教。宗教と食事・食生活には大きな関わりがある。

　六世紀に日本に伝来した仏教は、その後、日本に根づいてゆくことになるが、仏教が肉食を禁止していたこともあり、天武四（六七五）年四月に最初の肉食の禁令が出された。以後、改正されながら、明治時代まで繰り返し肉食禁令が出されている。

　その影響か、福岡では江戸時代から養鶏が盛んになり、鶏肉中心の食が多く生まれたと思われる。今でも正月三が日は牛肉や豚肉を食べないという人もいる。また当時、魚と見なされていたクジラを「大もん」になるようにと、大晦日に食べる地域もあった。

　さらに、人種、民族も郷土料理を生み出す要素である。

　米を主食とする日本人は、ご飯と一緒に食べられるようにカレーライスやハヤシライス、中華丼、カツ丼など、和・洋・中の折衷《せっちゅう》料理を作り出してきた。また、トンカツやポテトコロッケなどのように、箸を使って食べやすいよう料理を変化させてきた。博多の郷土料理あちゃら漬けも、こうしたものの一つである。

　上記の要素のうち、特に各地域の食の成り立ちに大きな影響を与える風土と歴史について具体的に見ていきたい。

豊かな風土

福岡県は三方を海に囲まれている。

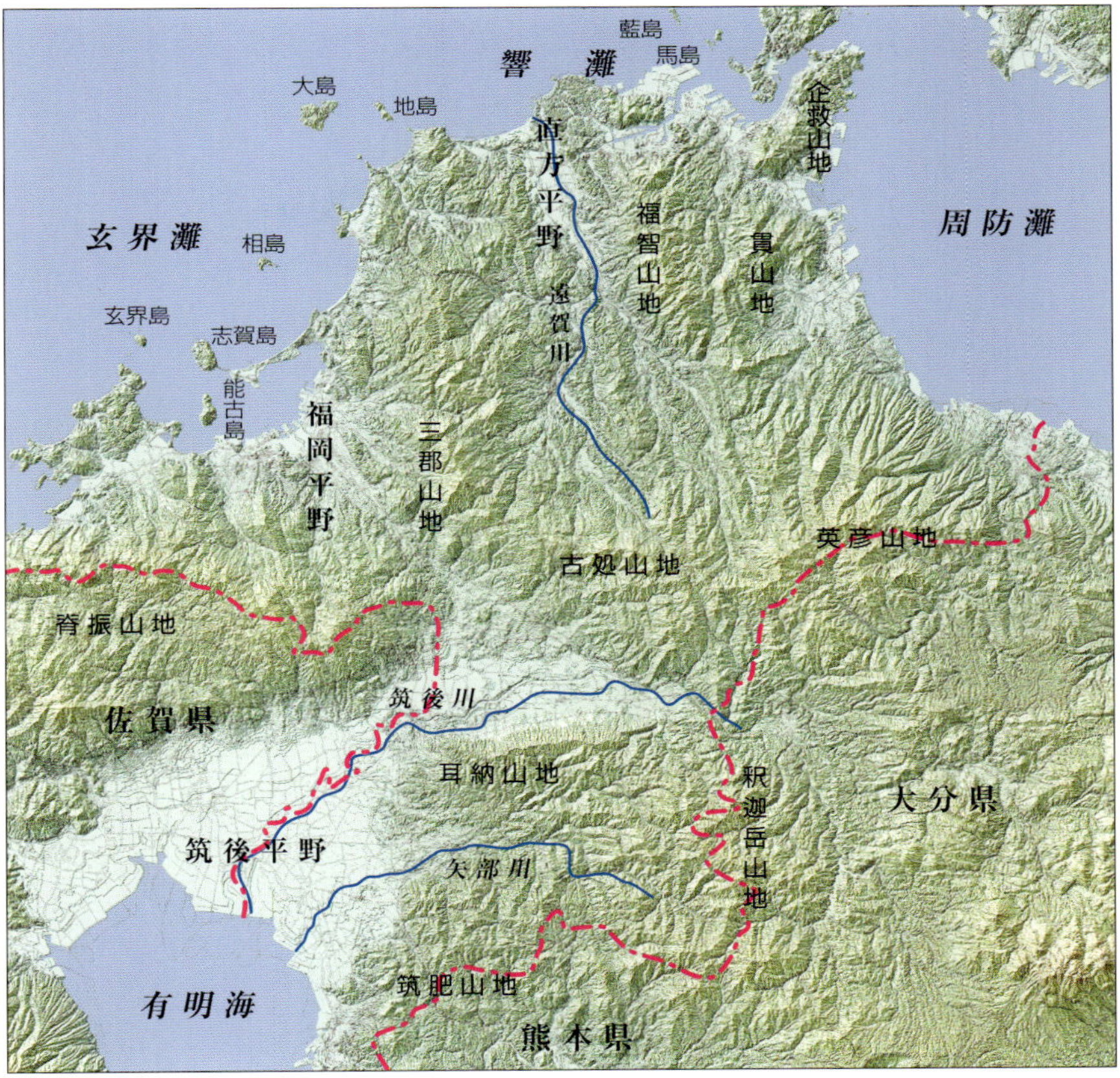

「カシミール３Ｄ」(http://www.kashmir3d.com/) をもとに作成

糸島半島沖から宗像市・大島付近の玄界灘、大島付近から関門海峡あたりの響《ひびき》灘、山口県を対岸に瀬戸内海へ続く周防《すおう》灘、筑後地方が面する内湾の有明海である。県作成の福岡県漁港位置図によると、漁港の数は、筑前海区（玄界灘、響灘）に三十七、豊前海区（周防灘）に十四、有明海区（有明海）に十四である。

　海に囲まれた福岡では、海区ごとに多様な魚介類が水揚げされる。対馬暖流が流れ、広大な大陸棚を有する外海性の玄界灘は、アジ、サワラ、タイ、フグ、イカなどが季節ごとに回遊してくる好漁場である。一方、内海性の周防灘は、有明海と同じような潟《がた》のある所が多いが、とれるものは、ワタリガニ、シャコ、アカエビ、バカガイ（キヌガイ）、アカガイ、アサリ、ボラ、ハモ、アナゴなどが多い。日本一の干満差と広大な干潟を持つ有明海は、珍魚といわれるムツゴロウ、ワラスボ、

有明海のくも手網漁。有明海では日本一の干満差を利用した固有の漁法が多く残る

クツゾコ、メカジャ、シャコ、タイラギ、ウミタケなどがとれる。それぞれの海域の魚介を使った独自の味を楽しむことができる。

福岡県の山は、東に英彦《ひこ》山地が大分県との県境にまたがり、西は脊振《せふり》山地が佐賀県との、南は筑肥《ちくひ》山地、釈迦岳《しゃかだけ》山地が熊本県との境を作るようにそびえ立っている。さらに、内陸部に耳納《みのう》山地、古処《こしょ》山地、三郡《さんぐん》山地、福智《ふくち》山地、貫《ぬき》山地、企救《きく》山地がある。

山間部はいずれも川の源流であり、おいしい水が豊富にある。その水を利用して各地で名物の豆腐を作っている。また、山では色んな種類のキノコやゼンマイ、ワラビ、ウド、フキノトウ、タラの芽などの山菜、野草のマタタビ、アマチャ、ドクダミ、ノビルなどが四季折々にとれる。

特に英彦山は古くから山岳信仰の霊山として知られ、山伏《やまぶし》の修験の場である。添田《そえだ》町には、山伏秘伝の味といわれるユズゴショウや山菜料理が残る。

山菜料理といえば、他にも東峰《とうほう》村、矢部村、星野村、上毛《こうげ》町などで名物となっている。また、タケノコは北九州市の合馬《おうま》、大牟田市の上内が味のよさで知られ、京都・東京方面にも出荷されている。

福岡県には大きな川が三つある。全長一四三キロの筑後川は九州で一番大きな川だ。昔は大雨になるとすぐに氾濫したため、この流域の家では土台に石垣を造り、家の天井に船をさげていた。県内では柳川、大川、久留米、うきは、大刀洗《たちあらい》、朝倉が流域にあたり、柳川のウナギやドジョウ、大川のエツの他、コイ、フナ、ハヤ、アユなどを使った料理がある。

矢部川は全長六一キロ、途中、星野川が流れ込み、矢部、黒木、立花、八女、筑後、みやま、柳川流域を潤しながら、有明海に注ぎ込む。上流にあたる矢部、星野近くでは、ヤマメなどの

筑後川の支流・堀川の三連水車（朝倉市）。200年以上前から流域の農地を潤し続ける

川魚料理が多く見られる。

遠賀《おんが》川は全長六一キロ、嘉麻《かま》市の馬《う》見《ま》山近くに源流があり、彦山《ひこさん》川、犬鳴《いぬなき》川など多くの支流が流れ込み、芦屋町で響灘に注ぎ込む。源流に近い馬見や彦山川が流れる添田町ではコイの養殖が盛んである。

平野部としては、那珂《なか》川・室見《むろみ》川・多々良《たたら》川流域に広がる福岡平野、筑後川・矢部川流域の筑後平野、遠賀川流域の直方《のおがた》平野、その他にも糸島半島の瑞梅寺《ずいばいじ》川、雷山《らいざん》川流域の糸島平野と周防灘沿岸部があり、水田や畑が広がる。米、野菜の他、麦、イチゴ、イチジク、柿、ブドウ（巨峰）、茶（玉露）など、特色ある作物が全国的に知られている。

現在のように米が十分に行き渡ったのは昭和三十五（一九六〇）年以降のことで、それ以前は、麦飯や、イモやカボチャ、雑穀などを炊き込んで量を増やしたかて飯であった。ご飯や食事のことを「めし」というが、これは「召し上がり物」という意味である。味噌、醤油、豆腐なども自家製であった。おかずは、保存が利く根菜類（ダイコン、ゴボウ、サトイモなど）が主で、祭りやお祝いの時は、タイやサバの浜焼き、アジやイワシの一匹付け（焼き物、煮物）が出された。また、保存しておいたヨモギで作ったフツ餅やイモだんごなどを、おやつとして食べていた。

このように、食べ物を無駄にせず、保存できる食材を工夫しながら食べる生活、そんなところから素朴な味が生まれたのである。

異文化摂取の歴史

福岡の食を海外交流の面からひもとけば、まず特筆すべきは、今から二五〇〇年ほど前の稲作伝来である。福岡県内には、板付《いたづけ》遺跡を始め多くの農耕遺跡が残る。狩猟、漁撈《ぎょろう》、採集による

東峰村の田園風景。同村では美しい棚田も見られる

食生活を送っていた日本人に、稲作がもたらした変革は大きい。

その後、大陸からの渡来人、遣唐使などの海外使節や貿易などを通じて、海外の食文化が入ってきたと思われる。

よく知られているのは、年越しそば（博多では「運そば」という）で、貿易商人・謝国明《しゃこくめい》が始めたといわれている。また、禅宗寺院の存在も大きい。宋からの帰国僧が伝えた精進料理は、日本の料理様式の確立に多大な影響を及ぼした。

博多・承天寺開祖の聖一《しょういち》国師（円《えん》爾《に》）は、酒饅頭や麺の製法などの製粉技術や粉食文化を日本に広めた人物といわれている。また、聖福寺開祖の栄西は、宋から茶種を持ち帰って脊振《せふり》山の霊仙寺で茶を栽培し、茶の薬効や喫茶の文化を伝え、それが寺院を通じて広まっていった。

福岡では、茶の文化は嶋井宗室《そうしつ》や神屋宗湛《そうたん》などの豪商に広がっていく。彼

「勇魚取図屏風」（部分。黒木家蔵，福岡市博物館寄託）。漁や解体の場面など，江戸時代後期の玄界灘を中心とする西海地方で行われた捕鯨の様子が詳細に描かれている

らは茶の湯を好み、茶会を催し、その際、簡単な食事も供した。それが、できたての料理を順番に一つずつ客に出す「懐石料理」として受け継がれることになる。『宗湛茶湯日記』や『南方録』などの茶会の献立記録からは、当時の料理形式や食材などを窺い知ることができ、興味深い。その後、懐石料理などをもとに「会席料理」が生まれ、宴席や慶事、法事の際の料理形式として現在も継承されている。

　江戸時代には、日本人の食生活が大きく変化した。まず、食事の回数が二回から三回になったことが挙げられる。他にも、醤油や味噌、だし、清酒などが一般に普及し、菜食や魚食を中心とした現在の和食の形が確立された。

　また、南蛮料理、卓袱《しっぽく》料理の流入もある。例えば、鶏卵そうめんなどの卵と砂糖を使った菓子、コンニャクのオランダ煮など、油で炒めたり揚げたりする調理法、南蛮漬けなどの唐辛子、ネギを利かせた料理などである。

　さらに、料理書の出版が盛んになったことにより、江戸や大坂で生まれた食文化が各地に広まり、それをもとに地方色豊かな食文化が花開いた。

　福岡でも、各藩領を中心に固有の食文化が形成されていった。福岡藩のがめ煮、小倉藩の床漬け、久留米藩のエツやカモ料理、柳川藩のガネ（ガン）漬けや有明の海産物料理、ウナギ料理。これらは、当時の文書・記録類にも記されており、名物料理、特産品として認知されていたようである。

　玄界灘では、福岡藩の主導による捕鯨も行われた。クジラは、肉は食用、鯨油は害虫駆除剤、ヒゲは細工物にと余すことなく利用でき、クジラ一頭で七つの漁村が潤う、といわれた。しかし、筑前近海がクジラを追い込むのに適した漁場ではなかったこともあり、生月島《いきつき》（長崎県平戸市）や呼子《よぶこ》（佐賀県唐津市）のようには成功しなかった。

また、この時代は医学や本草学（博物学）の視点から物産開発・研究も盛んで、福岡にも『養生訓』や『大和本草』などを著した貝原益軒《かいばらえきけん》や、農業技術の改良や普及に尽力した宮崎安貞《やすさだ》などの学者がいる。

一方、飢饉がしばしば起こり、救荒食も発達し、海草や野草など食べられるものはみな食べたという。博多の「おきゅうと」は、飢饉を救った「お救人」に由来するとの伝承もある。米を節約するためのかて飯やだんご汁、イモ料理、干したり塩漬けしたりした山菜や魚など、土地の食材を大切に保存・利用する知恵も発達した。

おもてなしの食

明治から昭和初期には、産業の発達に伴い、県下では石炭や工業製品の生産量が増え、船舶・鉄道などの交通、流通も発達し、多くの人、モノが福岡に集まった。また、食品加工産業や食品の調理・保存技術も格段の進歩を遂げ、国民の食卓、食生活も華やかになった。

福岡の中心街・博多や中洲、春吉、産業都市・小倉や八幡、久留米、産炭地・筑豊、大牟田などの都市部から、外食産業や飲食街、市場などの新しい食文化が発達していった。また、軍隊や学校などを中心に、給食や栄養・健康指導なども始まり、食の科学的な面も重視されるようになった。

戦後は大陸からの引き揚げ者もあり、辛子明太子やラーメン、焼き鳥、餃子、屋台などが広まり、福岡の新しい名物となった。そして現在、福岡はうまいものが集まる土地として知られるようになった。

こうして食文化の流れを振り返ってみると、福岡の食の特徴は、海外の食文化との融合・調和であるといえる。加えて、遣唐使や朝鮮通信使などの海外使節、貿易商人、参勤交代の大名行列など、外からのお客様を迎える機会が多かった福岡は、訪れた人々を受け入れ、土地の食材でもてなす気質が育っており、そのもてなしの食文化は、今も生きている。

食のこれから

様々な要素で生み出されてきた福岡の食であるが、今後は、自然環境、地球環境を考えた、循環型社会における食文化を構築する必要がある。

食の基本である農業の現状を見てみると、産地育成や経営改善、県農産物のブランド化が積極的に進められている。農産物を産出額の多いものから並べると（平成十七年）、米（四五九億円）をトップにイチゴ（一七八億円）、鶏卵、生乳、小麦、庭園樹苗木、菊、ブドウ、ナス、ネギなどがあり、全国的に見ると福岡県は果物と花き類の生産が多い。

特に福岡県ブランドとして有名なものは、イチゴのあまおう、博多ナス、博多万能ネギ、福岡タケノコ、福岡レタス、福岡ブドウ、福岡イチジクの他、米、柿、茶、菊などである。

また、漁業においても水産物のブランド化が進められ、三海区の特性を活かした振興策がとられている。筑前海区では沿岸資源活用型漁業や沖合資源利用型漁業、都市共存型漁業が、豊前海区では浅海高生産型漁業が、有明海区では海苔養殖を中心とする干潟を活かした漁業が、それぞれ推進されている。

このように農業・漁業が活性化されれば、地域が元気になるだけでなく、周辺に暮らす人々の地産地消への意識が高まっていく。

その一方で、牛肉のＢＳＥや輸入食品、遺伝子組換食品の問題、そして偽装表示など、食の安心・安全を脅かす事件が多発している。今、「あなたが食事を作る時に一番気を使っていることは何ですか」という質問をすると、ほとんどの人から「安全で安心して食べられるもの」「家族の健康」という答えが返ってくる。

戦後は食料の確保に重点が置かれ、昭和二十七年には栄養改善法が施行されて、栄養をたくさんとるようにとの指導がなされてきた。しかし、食べ物が充分すぎるほどある現在、食をめぐる複雑な問題が次々に出てきているのである。

今、私たち一人ひとりが「食」についての意識を高めていかなければならない時期を迎えている。伝統的なふるさとの料理、食材についての知識を深めることは、その第一歩になるのではないだろうか。

果物の栽培が盛んな筑後地方では，ブドウやイチゴ，ナシ，柿などのフルーツ狩りを楽しむことができる（久留米市提供）

海苔ひびの立つ有明海

海の幸

海流が育む好漁場・玄界灘

天然魚介類の宝庫

長崎・佐賀・福岡・山口・島根各県に面する玄界灘は、広義には日本海の一部であり、福岡県の海域は筑前海とも呼ばれる。福岡県域では糸島半島以東が該当し、大島（宗像市）以東から関門海峡にかけては響《ひびき》灘と呼ばれている。

春から夏には対馬海流に乗って多くの魚がやってきて、秋から冬には日本海の冷たい海域の魚が産卵のため南下してくる。特にマダイの産卵場所として知られており、その漁獲量は全国有数である。また、遠浅で砂泥地が多く、魚の隠れ場となる自然岩礁や人工礁、餌となる海草類や植物プランクトンも豊富である。

沿岸には博多漁港を始め、唐泊《からどまり》、加《か》布里《ふり》、津屋崎《つやざき》、鐘崎《かねさき》、芦屋《あしや》などの歴史のある漁港が多く、朝市での直売も行われている。また、姫《ひめ》島、小呂《おろの》島、玄界島、能古《のこの》島、志賀《しかの》島、相《あいの》島、大島、地《じの》島、馬《うま》島、藍《あいの》島など漁業が盛んな島も多い。

糸島発のブランド魚介

糸島半島には加布里、唐泊、岐志《きし》、福吉、船越などの漁港があり、タイ、カワハギ、エソ、アジ、イカ類、カレイ、ヒラメ、トビウオなど色んな種類の魚がとれる。

姪浜漁港（福岡市西区）の朝市

加布里湾は泉川河口に位置し、玄界灘では数少ない干潟を有する。同湾の天然ハマグリは身入りがよく、高級食材として京都など関西方面へも出荷されている。一時は絶滅寸前であったが、漁獲制限や紫外線殺菌による品質管理、販路拡大への取り組みにより、徐々に出荷量が増えている。また、キシエビ、アカエビ、サルエビなどの天然エビを「伊都の花えび」として生きたまま出荷しており、踊り食いを楽しむことができる。

タイ飯。タイ一尾に軽く塩をして天火で焼いたものを炊き込む

糸島半島の西方約三キロに位置する姫島で八、九月に限ってとられるアカウニ（アカガゼ）は、「海士《あま》の極《きわみ》」というブランド名で売られており、苦味が少なくて甘味が強い。この甘味は、ウニの餌となる海藻（カジメ、ヒジキ、アオサ、ワカメ）が四季を通じて豊富にあることから生まれるという。

志摩町福ノ浦地区では、フトモズクの大量栽培に成功している。地元では「そうめんのり」「そうめんな」と呼ばれ、一般的なモズクよりも太くて味が濃い。サッと湯通ししてポン酢で食べるとおいしい。

唐泊は博多湾の湾口部に位置し、適度に波があって海底が砂地のため、カキの養殖に適している。「唐泊恵比須カキ」の名で販売され、臭みがなく身のしまりがよいと評判である。他にも福吉、深江、船越、岐志、西浦などで養殖が行われており、シーズンになると現地のカキ小屋や飲食店で焼きガキを楽しむことができる。

糸島の伝統料理としては、タイ飯、カキサワラご飯（四〇ページ参照）、カキ飯、エビの殻でダシをとって炊き込むエビ飯などの魚飯が多い。いずれも磯の香りが凝縮された一品である。また、

ウニと味噌を使った「およごし」

桃の節句には「およごし」が作られる。これは、ウニ（ガゼ）と味噌を混ぜたガゼ味噌を作り、野菜や海草を和えたものである。

博多湾の名物

現在の博多湾は、埋め立てや港湾化が進み、漁港のイメージはあまりないが、元来漁港や漁村が多い地域であった。江戸時代には福岡藩主導による捕鯨が行われ、箱崎（福岡市東区）の海苔漁や能古島のアサリ漁なども盛んだった。

現在でも博多、箱崎、姪浜《めいのはま》（福岡市西区）などの各漁港がある。中でも博多漁港（中央卸売市場）は、平成十八年の年間取扱高が七〇四億円（全国第八位）、取扱量は一二万八〇〇〇トンである。漁船からの水揚げだけでなく、九州各地か

らの陸送で多くの魚介類が集まり、市場で競りが行われ、県内はもちろん全国各地、海外へも運ばれる。

玄界灘のタイは、適度に波にもまれ、身がしまっておいしい。特に四、五月の桜の花が咲く頃のものは「桜ダイ」と呼ばれ、産卵前なので身が肥えて脂ものっている。お造りを始め、あら炊き（四一ページ参照）や塩焼き、潮《うしお》汁《じる》にして食べるが、絶品はタイ茶漬けである。そぎ切りにしてゴマ醤油につけたタイの身をご飯にのせ、お茶をかけて食べる。タイの身の食感とゴマの風味がよい。

ブリは博多の正月に欠かせない魚で、塩をして一晩置いたものを雑煮や吸い物に使う。以前は正月明けまで台所の土間につるして保存し、最後に残ったあらや骨の部分を煮て食

べる骨正月の風習があった。また、「よか嫁《よめ》ごぶり」にちなんで、嫁ぎ先からお嫁さんの実家へブリ一匹を贈る習わしもあった。

他にも、大相撲九州場所の際に力士たちがこぞって食べるというアラ（クエ）鍋やゴマサバ（四〇ページ参照）などは、博多湾の名物である。

玄界島・志賀島に残る伝統の味

玄界島は、周囲約四キロ、海抜二一八メートルの遠見《とおみ》山を中心とする、すり鉢をふせたような形の島である。周辺ではタイやフグ、ブリを始め様々な魚がとれる。特に一本釣りが盛んで、網でとったものに比べて傷がつきにくいため市場でも珍重される。

この島には、玄界灘捕鯨の名残か、クジラ料理が数多く残っている。クジラの黒皮やゴボウ、ニンジンを入れて炊き込むクジラ飯、黒皮とダイコンの吸い物、うねくじら（クジラの脂身）のぬた和えなどが今でも食べられている。

お祝いの時は、ちらし寿司や「そうめんぼっかけ」が作られる。ちらし寿司には、ミズイカ、エビ、カメノテ（亀の手のような形をしたフジツボの仲間）、シイタケ、ゴボウ、ニンジン、

右ページ：玄界灘の海の幸，タイ・アワビ・サザエの活造り
上：クジラ飯。クジラの黒皮とゴボウ，ニンジンなどを入れた炊き込みご飯。クジラの脂がほどよくご飯になじんでおいしい
左：「あぶってかも」の塩焼き。スズメダイの一種で，「あぶって食べるとカモの味がする」ということからその名がついたともいわれる。3－6月が旬で，卵がいっぱい詰まり，脂ものっている。安くて美味なので，博多では朝食のおかずや酒の肴としてよく食べられた

カナトフグのちゅういり。玄界灘では9月頃からカナトフグがとれ始める。皮をはいでぶつ切りにしたカナトフグを，醤油，酒，砂糖で薄めの味にサッと煮て，最後に根深（ネギ）のぶつ切りを加えて食べる

スボ付きカマボコなどを入れる。そうめんぼっかけとは、ゆがいたそうめんを器に入れ、ニンジン、ゴボウ、シイタケ、ブリの角切りの入った、吸い物より少し濃い味の熱い汁をかけたものである。

志賀島は、周囲約一一キロで、砂州により陸繋島となっている。同島は、志賀（浜方《はまかた》は漁業、陸方《おかがた》は農業）、弘《ひろ》（漁業）、勝馬《かつま》（農業）の三つの地区に分けられる。

志賀島は四季を通して海の幸に恵まれている。三月初めから、カナギの新《しん》子《こ》（稚魚）がとれる。これは生で食べるのがおいしいが、酢の物にしたり、アオサを加えて吸い物にしたりもする。昔はたくさんとれたため、浜で釜揚げにして天日で干し保存した。また、慶事にはカナギ鮨も作られた。

二月末頃からイカ漁が始まる。ブロイカ（小さいイカ）は生のもち米を詰め、醤油で煮て食べる。八十八夜頃からはトビウオがとれ始める。塩・酢でしめたトビウオとキュウリをなますにしたキュウリがき、ゴマ醤油につけた身を使う茶漬け、またすり身にしたものをだんご汁やカマボコなどにして食べる。

夏は特に多種類の魚がとれる。アワビやサザエ、ウニもこの時期にとれ、刺身、塩焼き、煮物、茶漬け、炊き込みご飯などにして食べる。特に盛んなのが弘地区で、今も三十人ほどの海人《あま》がいる。同地区ではワカメの養殖も行われており、特産品となっている「弘わかめ」は肉厚で歯ごたえがよい。また七、八月にとれる夏ベラ（赤ベラ）は同地区の代表的なふるさとの味で、背ごしにしたり、赤ベラを煮た残り汁にそうめんをつけて食べたりする。

ワタリガニは「放生会《ほうじょうや》ガネ」とも呼ばれ、筥崎宮放生会が行われる九月頃から博多湾内でとれる。また、この頃からカナトフグもとれ始め、「ちゅう

トウヘイの味噌煮。トウヘイは体長1メートル以上にもなる大型の黒アナゴ。中骨を水から煮て旨味を出し，1センチの厚さに切った身と，小さく切った内蔵の脂を入れ，味噌と砂糖で味を整える。好みでネギ，ナスなどを加えて煮る

いり」という汁物にして食べる。

十月頃からサワラの流し網漁が始まり、翌年の春まで行われる。お祝いやお祭りの時にはサワラご飯がよく作られる。また、志賀地区の浜方では、がめ煮にサワラが使われる。

志賀島では、海神の総本社・志賀海《しかうみ》神社の神事を中心に一年を通して様々な行事が今も行われており、独特の風習が数多く伝わっている。その一つに「よろずかけ」がある（一二六ページ参照）。これは、十二月三十日から翌年一月二十日まで、塩をしたサワラもしくはブリ、タイと、スルメ、コンブ、野菜などを荒神《こうじん》棚（火の神様を祀る）の下にさげるものである。しかし、土間が少なくなったこともあり、よろずかけをする家は減ってきている。

宗像地域に伝わる固有の食材

宗像地域では、沖ノ島周辺の好漁場を背景に、津屋崎、福間《ふくま》、神湊《こうのみなと》、鐘崎、大島、地島などの漁港が栄えてきた。

神湊漁港から船に乗って二十五分の所に、福岡県最大の島・大島がある。ここでは夏場、海人によってアワビ・サザエ・ウニ漁が行われる。大きなもので五〇〇－八〇〇グラムの黒アワビがとれ、その刺身や酒蒸しは絶品である。

冬の延縄《はえなわ》に食いつくトウヘイは、ウナギ科の黒アナゴ。体長一メートル以上、大人の腕よりも太い。地元では、その形から「ハモ」や「ハブ」とも呼ばれる。大島の延縄漁は昭和二十年頃から始まったが、トウヘイはマアナゴに比べて臭みが強く味が劣るため売りものにならず、当初は捨てられていた。しかしその後、もったいないのでこれを味噌煮にして食べ始めたという。味噌で臭みが消され、モチモチした食感でなかなかの美味である。

神湊からさつき松原を越えた所にあ

るのが鐘崎漁港。ここは国内有数の天然トラフグの水揚げ量を誇る。大島沖や山口沖で延縄漁を行い、「玄海トラフク」として市場に出している。

ヤリイカは樽流し漁（二十個ほどの樽の下に針をつけて流す）で周年とられ、「玄海活イカ」として近くの旅館や料理屋に生きたまま届けられる。また、「釣りあじ玄ちゃん」というブランド名のアジを売り出している。一本釣りした二六センチ以上のアジにその名がつけられ、絶対に手でさわらないなど、鮮度を保つために細心の注意を払って出荷される。

「釣りあじ玄ちゃん」の活造り（鐘崎漁協提供）

この地域の正月に欠かせない味といえばノウサバで、これはホシザメというサメの仲間。冬の寒風で乾し上げたものを湯で戻し、表面の皮をタワシなどでこすり落として醤油、酒、みりんの調味液に浸す。コリコリした食感で、「玄海数の子」とも呼ばれる。また、夏にとったホヤを味噌に漬け込んで正月に食べる。その他にも、サザエの麹漬けなど、保存食的なものが多く見られる。

鐘崎は日本海側の海女《あま》の発祥の地といわれるが、人数は少なくなってきているという。

ノウサバ（２点ともに鐘崎漁協提供）。ホシザメを開き，１週間から10日ほど寒風にさらす。冬の冷え込みが本格化すると，おいしさが増す

「あしやんいか」の刺身と鮨（遠賀漁協提供）

古くからの港町・芦屋と岩屋

響灘から関門海峡にかけては、激しい潮流でもまれて身のしまった天然海産物の水揚げが多い。以前は捕鯨の基地のあった地域として、今はフグやタコの産地としても有名である。

遠賀川河口にある芦屋周辺の海は、川が山からの栄養分を運ぶため、海洋生物の生息に適している。以前は、クルマエビやカタクチイワシが豊富に水揚げされ、イリコの天日干しは芦屋の冬の風物詩であった。

現在、水揚げ高で一番多いのはヤリイカで、「あしやんいか」というネーミングで売り出している。イカは手でさわると身が焼けて鮮度が落ちるので、生簀《いけす》やまな板に移す時にはかごですくってとる。身が透き通った刺身は、コリコリした食感と甘味が特長で、塩焼きや天ぷらもうまい。特産品としては、イカの一夜干しやスルメ、イワシのみりん干しなど、干物類や加工品が多い。

北九州市若松区有毛《ありげ》の岩屋漁港は、古くからウニ漁が盛んな所である。アカウニ、クロウニ、バフンウニの他、アワビ、サザエなどが豊富にとれる。アルコールと塩だけで味付けしたバフンウニの瓶詰めは、ほんのりと磯の香りがして格別である。

十月から三月にとれるヒジキはやわらかくておいしいと評判であるが、あまり量がないので市場には出ない。また最近、宗像や志賀島など玄界灘のほぼ全域でアカモクを売り出しているが、岩屋でも今後、商品開発に力を入れていくという。アカモクはホンダワラ科の海藻で、ゲバサとも呼ばれる。味はメカブに似ていて、とろろやオクラみたいな粘りがあり、酢醤油で食べるとさっぱりして美味である。

*

玄界灘のいくつかの漁港を訪ね、色々と話を聞かせていただいた。

どこの地域でも共通しているのは、漁場と消費地との距離が近いこと、つまり新鮮な魚を食べることができる、ということである。これこそが、福岡の魚はおいしいといわれる最大の理由であろう。

［松隈紀生］

波穏やかで豊かな海・周防灘

浅い海と干潟

　周防《すおう》灘は豊前海とも呼ばれ、水深が浅く、流れも穏やかである。山国川、城井川など大小十七の河川が流れ込むため栄養分が豊富で、海洋生物の生息に適した砂泥質の海底や干潟が形成されている。海岸線には苅田《かんだ》、蓑島《みのしま》、椎田《しいだ》、松江《しょうえ》、八屋《はちや》、宇島《うのしま》、稲童《いなどう》、吉富など漁港が多く、港町の習俗・文化が根づいている。また、周辺の北九州・小倉や中津、宇佐などの文化の影響も見られる。

　桝《ます》網（定置網）などの網漁やかご漁、延縄《はえなわ》漁に加え、河口付近で見られる定置網漁法に似た石干見《いしひび》、ウナギのやな場など、古くからの漁法も残る。最近では、「豊前一粒カキ」に代表される養殖も盛んである。

　豊富な魚介類を用いた特産品、活魚料理を看板にした旅館や料理屋も多く、地元の人や観光客で賑わっている。

周防灘のご馳走

　周防灘でとれた新鮮な魚介類は食卓を賑やかなものにした。朝から煮付けや刺身などが並ぶことも多かったという。以前は行商が各家庭を訪れていたが、現在は漁港付近の産直所や朝市での購入が増えている。

　周防灘の名物といえば、まずフグである。関門海峡から周防灘にかけて水

フグ刺し（北九州市門司区・めかり山荘）

揚げが多く、刺身や唐揚げ、ちり鍋などは冬場のご馳走である。特にフグ刺しの透き通るような見た目の美しさと、口の中で旨味が溶け出すような食感は、まさに贅沢の極みである。

福岡県を始め西日本では、フグは美味なだけではなく縁起のよい魚とされ、幸福に通じるところから「ふく」と呼ばれる。ただ、内臓に毒を持ち、あたると死ぬこともあるため、「てっぽう」という別名もついた。

大分県安心院《あじむ》出身、食通で知られる木下謙次郎は、その著書『美味求真』（大正十五年）の中で、「馬関（下関）及び豊前地方河豚の本場にて、季節の饗応にふぐ料理なくては馳走に非ず」と絶賛している。

また、周防灘ではハモの水揚げが多く、京都や大阪、中津の料亭など

右：行橋市蓑島の魚市場（『豊前海のさかな』〔福岡県豊前海漁業振興基金〕より）
左：ハモの湯引き。周防灘で水揚げされるハモは，淡泊でありながらも，しっかりとした旨味がある

にも送られている。ハモもフグも、鍋仕立てにしてポン酢で食べる「ちっちり」と呼ばれる料理が定番である。これはおそらく、ふぐの「てっぽう」の呼称からきた「てっちり」か、鍋に入れた時に「チリチリ」と魚の身が縮む様からついた名前であろう。

天ぷらがおいしいキス（特に今は周防灘にしか生息していないアオギス）や、城下カレイと並び称されるほど身がしまっておいしいカレイ、スズキ、タチウオ、アナゴ、山国川の落ちアユ、冬の戻りウナギなどもご馳走の魚で、ほとんどが料理屋、旅館に並ぶ。アユやアナゴ、ウナギは素焼きにして混ぜ飯や煮込み（炊き込み）飯に入れて食べる。

安くておいしい大衆魚

普段よく口にする大衆魚の代表格は、ボラやイワシ、ハゼ。ボラは「オボコ」や「イナ」などと名前の変わる出世魚で、小型定置網漁や巻き網漁で捕獲される。一晩に数千匹とれることもあり、「万ボラがとれた」と大漁を喜ぶ。「夏ボラ」といわれるように七－九月頃に多くとれるが、一番うまいのは冬の寒ボラで、あまり動かないため脂がのっている。しかし、この時期は漁獲量が少ないため、一般にはあまり知られていない。

ボラは一般的に臭みが強いといわれるが、周防灘のボラは砂泥地に生息しているため臭みが少なく、食べやすい。刺身にする時は、身がしゃっきりするまで水で洗い流し、醤油にだいだい酢か米酢を混ぜたものにつけて食べる。また、醤油味の煮付けは、懐かしい味の一品である。その他、洗いやちり（ボラ鍋）、味噌汁なども定番料理で、臓物まであらゆる部分を食べる。

イワシは、糠床煮や酢の物（特にダイコンの千切りとともに酢和えしたなます）、めざし（唐人干し）などにし

豊前一粒カキ（豊前市提供）。植物プランクトンなどの栄養が豊富な海で育ったカキは，身が大きく食感がよい

てよく食べるが、最近は漁獲量が減っているらしい。ハゼは甘露煮にしたり、焼き干しにして保存し、正月の雑煮のだしにしたりもする。他にも、コノシロ、グチ、稚ビラ、小タイ、小イワシなどの小魚を刺身、煮付け、酢の物、炊き込みご飯や混ぜ込みご飯にして食べる。

五月の神幸祭の時に食べる、まろやかな味のサヨリの吸い物や、「食べないと夏が越せない」といわれるカマス茶漬けなども味わい深いが、最近はあまり食べられなくなってきている。

豊富な貝類・甲殻類

周防灘の特徴として、有明海同様干潟が多く、魚類よりも貝類やエビ、カニなど甲殻類の豊富さが目立つ。「豊前一粒カキ」のブランド名で名産品になった養殖カキは、酢ガキや焼きガキ、土手焼き、鍋などで食べる。天然の地カキもあるが、数は少ない。

アサリの鍋煎り（貝すき)。熱した鍋にアサリを入れて強火にかけ，口が開いたら酒を少々入れる。ひと蒸らししてから皿にとり，酢醤油などで食べる

アサリやアカガイ（サルボウ)、キヌガイ（ヒメガイ)、マテガイ、ニシ、ツベタ（ツメタガイ）などもよくとれ、ゆでて食べたり、酢の物、煮付けにしたりもする。

潮干狩りといえば、大人も子どもも楽しめる春の風物詩である。昔は、浜での貝拾いは女性や子どもたちの仕事であった。特にアサリは潮干狩りの代表格で、味噌汁、白和え（しらえ)、鍋煎り、アサリ飯などにして食べる。鍋煎りは、アサリを鍋に入れて火に掛け、酒を入れただけのもので、素材の味をそのまま楽しむ調理法である。また、豊前地方ではよく食べられるアサリの糠床煮も大変美味である。

甲殻類の代表はワタリガニ（ガザミ）で、「豊前本ガニ」と呼ばれ名物になっている。塩ゆでや唐揚げで丸ごと食べたり、鍋物や味噌汁にして味わう。他にイシガニなどもとれる。

カニは春・秋が身が詰まっていてお

右：エビざっこ。殻付きのままの小エビを甘辛の醤油味でサッと煮る。簡単に作れるため，急な来客の時などにもよく出される

左ページ：ガン汁（上毛町産業振興課提供）。ツガニを生きたままつぶして水を加えてこし，高菜とともに吸い物風に仕上げる。カニのだしが利いてとてもおいしい

いしい。雌は産卵期の春が旬で、雄は秋が旬。カニは身の詰まり具合がすべてで、「月夜のカニは身がやせていて、闇夜のカニは身が詰まっていておいしい」という俗説もある。カニを食べる時の最大の楽しみは、まず甲羅を裏返して雄雌を確認し、へこ（ふんどし）や殻、足などを外し、殻についたカニ味噌にむしゃぶりつく瞬間であろう。ワタリガニはそのまま塩ゆでしてもおいしいが、カニ飯もまたおつなものである。

　エビ類ではクルマエビやキノコエビなどがとれるが、中でも大量に水揚げされるのが、雑魚《ざつこ》と呼ばれて親しまれているアカエビ（小エビ）。この地エビを甘辛の醤油味（米糠を入れることもある）で煮る「エビざっこ」は皆が懐かしむ家庭の定番料理らしく、家によっては残りの煮汁をカレーに入れたり、うどんやそうめんにからめて食べたりもするという。

　また、シャコ（ジャコ）は塩ゆでにしてざるに盛られ、間食として喜ばれた。ただ、固い殻むきはなかなか技術がいり、小さい子どもは苦労する。最近ではシャコ寿司弁当やシャコ天（ジャコ天）なども名物となっている。

　小エビに似て、釣り餌としてよく用いられるアミも周防灘の大事な食材。醤油か酢醤油をかけて食べる生食はもちろん、干しアミにしたり、塩漬けにした「つけアミ」もご飯の友として喜ばれる。変わったところでは、アミちり（鍋）などもある。

山海の珍味

　周防灘ではイカやタコ漁も盛んである。イカはキョッキョイカ（モンゴウイカ）やマッチロ（マツイカ）、ベカゴ（小イカ）など、タコはイイダコ、手長ダコ、大ダコがとれる。イカの酢味噌和え、イイダコの煮付けなどがよく食べられる。

珍しいところでは、エイの刺身や煮付け、味噌汁があり、滋養食として珍重された。ハチガメ（カブトガニ）の煮物や、形はグロテスクだが味は絶品のユムシ（環形生物で釣り餌としてよく使われる）、ナマコの酢の物なども周防灘の珍味である。

冬から春にかけての海草とりも以前は盛んに行われていたが、アマノリやアオノリ、フノリ、アオサ、オゴノリ、イギスなどは段々とれなくなってきているという。「豊前海苔」は有明海苔と同様、かつては周防灘を代表する特産品であった。また、イギスは煮固めたものを冷ましてから切り、ユズ味噌やサンショウ味噌などを添えて、仏事の際の刺身代わりによく出された。

また山里付近では、ツガニ（モズクガニ）がよく食べられる。ツガニは山川と海を行き来しながら成長する、まさに山海の珍味である。

ガン汁は宇佐・豊前地方の郷土料理として知られ、地元の川でとれたツガニと高菜を使った汁物である。卵の入ったメスのツガニを生きたままつぶし、醤油で味付けする。最近は作る人も少ないが、その味は絶品である。一緒に入れる高菜にツガニの身がフワフワとかき玉状にまとわりつき、汁の中に花が咲いたみたいで見た目も食欲をそそる。

その他、山里付近では粉食も多く見られる。フツ（ヨモギ）入りのこねきり餅や、大友宗麟の時代に大分から伝わったとされる三毛門《みけかど》カボチャの入っただんご汁、行事食のけんちん（長崎から伝わった唐風練り物）などがよく作られる。

＊

周防灘の魚介類の豊富さは、沿岸地域に豊かな食文化を根づかせた。周防灘は、「ご馳走」「庶民の味」の両面からおもてなしをしてくれる、まさに豊饒の海である。

［竹川克幸］

固有な食材の宝庫・有明海

日本一の干満差と広大な干潟

タツノオトシゴの形をした有明海は、佐渡島がすっぽり二つ入る一七〇〇平方キロの内海である。広義には、熊本県天草市五和《いつわ》町と長崎県南島原市口之《くちの》津《つ》町間の早崎瀬戸までの大きな湾入部、狭義には熊本県玉名郡長洲《ながす》町の長洲と長崎県雲仙市国見町の多比良《たいら》を結ぶ線の以北をいう。そして、この線以南を島原湾という。

　有明海の名称は、明治三十三（一九〇〇）年測図（三十六年製版）の大日本帝国陸地測量部の「柳河図」（五万分の一）にあるのが、地図に見える最初のようである。それまでは、有明ノ沖、有明沖、筑紫潟《つくしがた》、筑紫海、有明之海などと呼ばれ、一定ではなかったが、地元の人々は「前海《まえうみ》」と呼んでいた。

　有明海の干満差は六メートル、日本一である。潮が引くと、約二三八平方キロの広大な干潟が出現する。福岡県の海域は、この有明海の湾奥東部にあり、筑後川、矢部川を始めとする大小の河川によって豊富な栄養が運ばれ、海苔養殖に最適な環境になっている。

　有明海には約一五〇種の魚類が生息し、ムツゴロウやワラスボ、クツゾコ、メカジャなど、日本ではこの海にしかいない珍しいものもいる。また、この海の特性を利用した竹羽瀬《たけはぜ》漁、敷網《しきあみ》漁、アンコウ網、ムツ掛け漁など、固有の漁法がある。

　有明海沿岸の漁師たちがとってきた新鮮な魚介類が、大川市、柳川市、みやま市、大牟田市の奥有明地域の魚屋や中島（柳川市大和《やまと》町）の朝市で売られる。「買って行かんかんも」「安っかばんも」。馴染みの客となると、まけてくれたり、おまけがついたりする。また、加工したウミタケや貝柱の粕漬けなどが、有明海名産として土産店で売られている。

　水郷・柳川の川下り、郷土ゆかりの北原白秋や檀一雄の文学碑や史跡巡り、雛《ひな》飾りやさげもん巡りをし、割烹や郷土料理店などで有明海の珍味料理をいただくのも楽しい。ここでは、有明海固有の食材をとり上げ、沿岸に住む人々の食文化の一端を訪ねてみよう。

有明海を代表する海の幸・海苔

海苔ひびが林立する有明海は、生産高日本一の紫菜《むらさきな》（海苔）のふるさとである。海苔養殖は、有明海を代表する漁業であり、その養殖風景は冬の有明海の風物詩でもある。

明治三十三（一九〇〇）年、有明海沿岸の大牟田の手鎌《てがま》地先で試験養殖が行われ、大正末期には矢部川河口付近にひびを立て、天然種つけを行っている。有明海域で海苔養殖が本格化するのは、戦後の昭和二十九（一九五四）年頃である。昭和三十七、八年頃まで

柳川市大和町中島の朝市（柳川市提供）

海水の豊富な栄養と適度に薄まった塩分濃度，日本一の干満差を利用して作られる有明海苔は，味がよく，やわらかくてつやがあり，最高級品とされている。焼き海苔，味付け海苔，ふりかけなどに加工される。写真は福岡県有明海海苔共販漁連のブランドの「福岡のり」

有明海の食材（撮影協力＝柳川市稲荷町・夜明茶屋）。1. ガンバ（フグ）／2. ハゼ／3. ワケノシンノス／4. ナガゲ（長甲貝）／5. クツゾコ／6. エツ／7. マテガイ／8. メカジャ／9. ワタリガニ／10. ハマグリ／11. シャッパ（シャコ）／12. ワラスボ／13. イイダコ／14. タイラギの貝柱／15. タイラギのワタ（貝ヒモ）

の海苔の売買は、個人で行う「浜売り」「浜買い」であったが、生産量の増加に伴い、生産者が共同で販売する共同販売連合へと変化した。

海苔ひびも竹からグラスファイバーとなり、昭和四十年には種付け網を冷凍保存する技術が確立され、海苔を長期間採集できるようになった。同五十六年には生《なま》海苔から乾《ほし》海苔となり、乾燥も、天日干しから大型全自動乾燥機へと移り変わった。

干潟の風物詩・ムツゴロウ漁

大きな目をギョロつかせ、愛嬌のあるムツゴロウは、ヘドロを口に含みながらY字型に巣づくりをする。身に危険を覚えると、どちらかの穴から巣に潜り込み、すまして別の穴から他人の顔を窺わせる。

ムツゴロウをとる代表的な漁法に「ムツ掛け」がある。泥の干潟の上を潟スキー（押し板、跳ね板）で進みな

がら、独特の形をした「ムツ掛け針」（空針《からばり》）をつけた釣り竿で干潟上のムツゴロウを引っ掛ける漁法である。この漁法は古く、天保十二（一八四一）年の『有明海魚介図巻』にも散見される。

他に「タカンボ漁」というのがある。これは、佐賀県の古賀種吉が明治中期に考案した漁法である。直径五、六センチ、長さ二〇センチあまりの竹筒に針金で「戻らず」（かえし）をつけたトラップを使う。この竹筒をムツゴロウの生息孔にかぶせ、這い上がってくるムツゴロウをとるのである。また、生息孔に潜むムツゴロウを鍬で掘り出す「ムツ掘り」という漁法もある。

アゲマキとメカジャ

アゲマキは長さ一〇センチほどの長楕円形の二枚貝。砂泥地に垂直に穴を掘り、二本の足（入水管と出水管）を上に向けて逆立ちして立っている。呼吸や餌の吸入のため、殻は閉まらず開いている。肉が厚く、やわらかくておいしい。塩焼き、バター焼き、ぬた和えなどにして食べる。

有明海の潟地より少し沖の砂潟地には、これも珍しいメカジャ（女冠者）が生息している。二、三センチくらいの楕円形の薄緑色の殻にネズミのシッポみたいな尾をつけ、三味線に似ているところから「シャミセンガイ」と呼ばれる。貝といっても貝の仲間ではなく、腕足《わんそく》類である。古生代（三－五億年前）から形を変えずに生き続けている。あっさりした味で、煮物や味噌汁にして食べる。

古くからの特産・ウミタケとタイラギ

初夏になると、有明海の沖地のタオ

ムツゴロウの甘露煮（夜明茶屋）。ムツゴロウは，有明海では佐賀・福岡・熊本県の河川の河口域と，その周辺の泥干潟に分布している。脂の多い魚で，干物にしたりもする

右：アゲマキ釣り（『有明海のさかな』〔福岡県有明海漁業協同組合連合会〕より）。針金の先を曲げて作った漁具を貝に引っ掛け，巣穴の入口まで引き上げてとる

左ページ：ワラスボの刺身（夜明茶屋）。見た目から食わず嫌いの人もいるが，食べてみると，身がコリコリしていておいしい。また，柳川地方の土産店では，ワラスボを乾燥させてふりかけ状にしたものが，「ワラスボのこぶつき」として売られている

（潮が引いた後にできる川）の岸に、奇妙な形をしたウミタケ（海茸）という二枚貝が繁殖する。長さ八センチほどの、白くて細長い楕円形の貝で、干潟に四〇センチほど潜って、象の鼻に似た、長大で黒褐色の水管を出している。秋になると、長さ二〇センチくらいに成長する。

名前は海の松茸という意味で、南筑後地方では「ウンタケ」と呼んでいる。「ウミタケねじり」というヒッカキ棒で、潟の中にいるウミタケの水管に引っ掛けてとる。

生のまま刺身として酢醤油で食べる。また、酢味噌でぬた和えにするのもオツなもの。切り開いて天日干しにし、焼いて食べると、スルメよりおいしいといわれる。

有明海沿岸の大牟田市唐船《とうせん》地区には、ウミタケの水管に米を詰めて煮込んだ「ウンタケの飯詰め」という、風味のよい純朴な磯料理が残っている。これ

ウミタケの粕漬け（左）とタイラギの貝柱の粕漬け（夜明茶屋）

を輪切りにして食べる。その昔、唐船山の入江に唐船が停泊、唐人から料理法を教わったという伝承料理である。正月や祭日などの「ハレの日」くらいにしか食べられない貴重なものだった。

十六世紀の半ば頃、南筑後の鷹尾城主・田尻親種《たじりちかたね》や山下城主・蒲池鑑広《かまちあきひろ》が、家督相続の礼物や歳暮・中元の進物として有明海の「海竹」を豊後府内（大分市）の戦国大名・大友宗麟《そうりん》（義鎮《よししげ》）に贈ったという記録がある。また、寛永二（一六二五）年四月十日の柳川藩主・立花宗茂《むねしげ》の書状には、「猶々、海竹・海月《くらげ》何も到来候。以上」と、将軍・徳川秀忠への献上品「海竹」と「海月」が、柳川より江戸滞府の宗茂のもとへ無事に到着した、という記事が見える。このように、ウミタケは有明海の特産として珍重されたのである。

また、タイラギの貝柱の粕漬けも人気が高い。タイラギとは、長さ二〇センチほどの三角形の形をした二枚貝。十一月から翌年の四月頃までタイラギ漁が行われる。有明海では、主に水深一〇メートルくらいの海底で漁獲される。タイラギのウス（貝柱）はとてもおいしく、粕漬けの他、刺身や鮨種、塩焼き、バター焼きにして食べる。

「あやしき魚」ワラスボ

日本では有明海にのみ生息する珍しい魚である。七月から十月にかけて産卵し、秋には体長三〇センチほどに成長する。冬は干潟の穴で冬眠する。地元では、「ワラスボン」「スボタク」「スボ」「ジンキチ」などと呼ぶ。

河口域の泥の中の巣穴に棲むため、目は退化している。うろこがなくヌルヌルしており、血管が透けて薄い紫色をしている。春先から秋にかけ、潟スキーに乗って「ワラスボ掻《か》き」をしてとる。

江戸後期の肥後熊本の国学者・中島廣足《ひろたり》の『筑紫日記』に「倉永《くらなが》村（大牟田市倉永）といふにて、あやしき魚を、くしにさしてほしたるをとへば、わらすぼうをとぞいふなる」とある。小さなギザギザの歯が口いっぱいに広がり、アサリやアゲマキ、ハマグリなどの二枚貝を好んで食べる。

クツゾコの煮付け（柳川市提供）

醤油で煮しめたり、唐揚げにしたり、味噌汁に入れたりして食べる。天日干しにして干物にすると、酒の肴《さかな》やビールのつまみにはもってこいである。

煮付けに最適のクツゾコ

有明海の浅い砂泥地に生息し、体長は二〇―三〇センチ、ウシノシタ類の魚である。扁平な魚でカレイによく似ているが、左ヒラメ、右カレイといわれるように、例外はあるが左側に目がついている。くつ底に似た形をしているところから、地元では「クツゾコ」と呼んでいる。

有明海の魚や貝の中でも特に人気で、地元の割烹や郷土料理店では魚料理のメインになっている。クツゾコ一尾を丸ごと醤油・酒・砂糖のやや薄味で煮付け、臭み消しにショウガやサンショウを入れて作った煮付けは格別である。残りの煮汁に豆腐を入れる。煮汁の染み込んだ豆腐がまたおいしい。その他の料理法として味噌煮、ムニエル、唐揚げなどがある。

海のギャング・シャッパとマジャク

日本全土、中国の内湾に生息するシャコのことで、有明海一帯では「シャッパ」と呼ぶ。泥の中に巣穴を掘って生息し、夜に穴から出て、寝込みを襲い餌をとる。大変な悪食《あくじき》で、鎌に似た強力な捕脚で魚やエビ、カニから貝類まで何でも食べる。その貪欲さから、「海のギャング」の異名を持つ。

シャッパを専門に漁獲することは少なく、流し刺網漁でクルマエビやシバエビに混獲されたものが魚市場に出荷される。シャッパが一番うまいのは、麦の収穫される六月頃、抱卵の時で、「麦シャッパ」といって珍重される。醤油と酒、砂糖で煮て食べる。

マジャクとは、アナジャコのことである。有明海では、干潟に穴を掘って生息している。シャコに比べて殻がや

ワケノシンノスの味噌煮（夜明茶屋）

わらかくザリガニに似ているが、実はヤドカリの仲間である。

書道用の大筆をマジャクの生息孔に入れ、侵入者を押し出そうと這い上がってきたマジャクを素早くつまみ出す、ユーモラスな漁法でとる。有明海の固有な漁法――それは魚と人間の知恵比べである。殻はやわらかいので、丸ごと唐揚げにして食べる。

珍味・ワケノシンノス

イソギンチャクの一種。干潟の砂地に潜っているので、「ワケ掘り」という柄のついた鉾《ほこ》状のもので掘り起こしてとる。異名の由来は、「若い者の尻のす（穴）」に似ているからともいわれている。

見かけによらずおいしく、煮付けや味噌汁の具、味噌煮などで食べる。しこしこと歯ごたえがよく、その珍味が喜ばれる。

江戸にも贈られたアミの塩辛

アミは、エビを小さくしたような甲殻類の仲間で、矢部川や筑後川の河口域で袋網を据えてとる。とれたての灰白色のアミをすぐ塩漬けにすると、淡い紅色がさしてくる。酒の肴や茶漬けによい。

江戸初期、柳川藩主・立花宗茂が在府中の子・忠茂にあてた書状に、アミの塩辛を送るので、壺に入れて北の方（将軍の奥方）へ贈答するように、と認《したた》めている。

*

有明海の食べ物、それは海からの贈り物である。この宝の海を大切にしていこう。

［平田隆夫］

アミの塩辛（夜明茶屋）

ゴマサバ

材料［4人分］

マサバ（刺身用）…………300g
ゴマ醤油
いりゴマ…………30g
濃口醤油……大さじ3
砂糖……大さじ1
だし……大さじ1

作り方

❶サバは3枚におろして薄皮と中骨をとり、3ミリの厚さのそぎ切りにする。
❷すり鉢にゴマを入れ半ずりにし、残りの調味料を加え、①のサバを10分くらいつけ込んで器に盛る。好みでワサビをつけて食べる。

＊「サバをよむ」という言葉があるが、これは、昔はサバがたくさんとれたので、サバの入ったトロ箱を数える時に一・二・三・五・六・八ととばして数えたことに由来するという。

新鮮なサバをそぎ切りにしてゴマ醤油につけて食べるゴマサバは、手軽でおいしい家庭の味である。アツアツのご飯の上にゴマサバをのせてつけ汁少々を入れ、お茶をかけて茶漬けにしてもおいしい。また、タイ、カマスなど、好みの魚を使ってもよい。

サワラご飯（サザエご飯）

材料［4人分］

白米……………………3カップ
サワラ（サザエ3個）………200g
ニンジン……………………30g
ゴボウ……………………30g
シュンギク……………………10g
A　だし…………………100cc
　薄口醤油……………大さじ2
　砂糖……………………小さじ2
　酒……………………大さじ2
B　Aの残り煮汁＋だし
　…合計3.6カップ（米の1.2倍）
　塩……………………小さじ½

タイのあら炊き

材料［4人分］	
タイ	1尾（700g）（またはタイのあら）
ゴボウ（中）	180g
煮汁	
酒	80cc
みりん	80cc
醤油	80cc
水	160cc
砂糖	大さじ4
木の芽	4枚
絹サヤ	12枚

作り方

❶タイはうろこ・えら・内蔵をとり、水で洗う。頭を切り落とし、身を2枚におろし、6切れにする。頭は縦に割り、熱湯に入れすぐ水にとり、残っているうろこをとり除く。

❷ゴボウはよく洗い、5センチ長さに切り、太い部分は縦4つ割りにし、水につけてアクを抜く。絹サヤはすじをとり、サッとゆでる。

❸鍋にゴボウを並べ、上にタイを置いて酒と水を入れ、落とし蓋をして煮る。タイの目玉が白くなったらみりんと砂糖を加えて3分の1の量まで煮詰め、醤油を2、3回に分けて入れ強火にし、煮汁をかけながら照りよく煮る。

❹器に盛り、ゴボウと絹サヤを手前に添え、煮汁をかけて木の芽を飾る。

作り方

❶米は炊く1時間前に洗い、水気を切っておく。

❷サワラは1・5センチ角、ニンジン・ゴボウは荒みじんに切る。

❸鍋にAと②のニンジン・ゴボウを入れ1分間煮てからサワラを加え、表面の色が変わったらざるにとり、煮汁はとっておく。

❹炊飯器にBと米を入れてよく混ぜ、③の具を入れて炊く。炊き上がったら、ゆでて小口切りにしたシュンギクを入れて混ぜ、器に盛る。

＊サザエを使う時は、鍋にサザエが半分つかるくらい水を入れ、3分間沸騰させ身をとり出し、薄切りにする。肝をゆがいた汁をだしに加えるとおいしい。

黒木町の棚田

山里の恵み

豊饒の地・宝満山と天拝山

歴史ある二つの山

太宰府は福岡平野が一端狭まり、筑紫平野に向けて広がる、ちょうど砂時計のくびれの部分のような地に位置している。その南に横たわるのが天拝山《てんぱいざん》、東北にそびえるのが宝満山《ほうまんざん》である。

天拝山は、大宰府に左遷された菅原道真が天に無実を祈った山という伝説で名高く、宝満山は、歴史的には大宰府鎮護の山、仏教文化が栄えた山、金剛界の修験の山として、現在では九州一の登山者を集める山としてよく知られている。

この山を水源とする宝満川、御笠川《みかさ》は豊かに山麓平野を潤し、稲作の先進地帯として弥生・古墳時代からの遺跡も多く、また交通の要衝として多くの物資も行き交った。またこれらの山は、近年まで里山利用された山であり、山菜や木の実、谷ガニ、タニシ、ドジョウ、フナ、コイなど山川の恵みも食文化を豊かなものにした。

山の恵み —— 豊富な山菜

春先には、タケノコ、ワラビ、ゼンマイ、ツワ、フキなど多くの山菜がとれた。タケノコは皮をむいて米糠と塩を入れてゆで、冷めるまでおいて、甘辛く炊いたり、味噌和え、木の芽和え、がめ煮、タケノコご飯、ばら寿司など様々に調理する。ワラビは灰でアク抜

センブキまげ（スタジオ・サムシング提供）。写真はタニシではなく，オバイケが添えられている

煮しめ

きをした後、味噌汁の実にしたりもするが、多くの山菜は保存食として加工する。タケノコはカンコロ（ゆでて干した食材のこと）にしたり、塩漬け、糠漬けなどで長期保存する。フキ、ツワは砂糖と醤油で煮詰めて佃煮を作る。ワラビは塩漬けや糠漬けにして保存するが、ゼンマイはゆでて、むしろの上に広げてもんだ後、乾燥させて保存し、食べる時は水に戻して味付けをする。

川の恵み——タニシやドジョウ

ひなの節句にはセンブキまげがつきもの。これはゆでたワケギの根元を切り、根元から四センチくらいを二つ折にして残りをぐるぐると巻きつけたもので、ゆがいたタニシと一緒に盛り、酢味噌をつけて食べる。この頃、寒風が吹いてとても寒い日がある。そんな寒さを「たにし寒《がん》」といった。春は川でタニシがたくさんとれ、日常にも煮物でよく食べた。現在はタニシがとれないため、イカやオバイケ（クジラの白脂身）を用いる。

ドジョウは井手落とし（田に水を引くための堰を切ること）や大雨の時によくとれた。イモがら、サトイモ、ゴボウ、ダイコンなどの野菜を合わせた味噌汁に用いたが、小さなドジョウは生きたまま、大きいのはしゃいで（裂いて）入れる所と、水煮してすりつぶし、さらにショウガを加える所がある。泥臭さに対する好みの違いであろうか。

ハレの日を飾る料理

煮しめは、材料の形を整えてきれいに切り、だし汁に味をつけ、一種類ずつ別々に煮込んだものである。その際の切れ端をがめ煮に入れることもある。

祝いの膳にはサトイモ、ゴボウ、ニンジン、ダイコン、レンコン、コンニャク、シイタケ、厚揚げ、彩りとしてカマボコ、インゲン豆などを煮て奇数種類を皿に盛りつける。宮座やお籠もりの時には、五種類または七種類の具材を田作《たつく》り（カタクチイワシの幼魚の干し物）のだしで煮て、砂糖と醤油で味をつけ、串に刺してメゴ（晴れの日用の竹かご）に入れ氏神に持っていき、参拝の後に皆で食べる。これを「串つなぎ煮しめ」という。

だんだら粥

寿司には型寿司とばら寿司がある。型寿司は、ニンジン、ゴボウ、シイタケ、油揚げなどを小さく刻み、砂糖・醤油で味をつけた具をすし飯でくるみ、松・梅・扇の形の木型に入れ、上に卵の黄身を裏ごししたもの、桜でんぶを一面に置き、サンショウの芽を飾り、下に押し出す。

ばら寿司は、様々な具材を小さく切り砂糖・醤油で味をつけ、すし桶の中ですし飯と混ぜ皿に盛り分け、錦糸卵、そぼろ、ゴマ、サンショウなどで飾る。いずれも華やかで、ひな祭りやおくんち、お籠もりにはつきものである。

カツオ菜はこの地方の正月の雑煮には欠かせない独特の野菜である。雑煮は博多雑煮と同系統で、シイタケ、コンブ、焼アゴ、農村部では鶏でだしをとる。これに別に料理した餅、サトイモ、焼豆腐、カマボコ、コンブ、ブリ、鶏肉などの具をのせ、コンブやスルメの細かく切ったものを入れ、ゆでてしぼったカツオ菜を入れる。カツオ菜は雑煮に用いるのが主な利用法であり、正月前には大量に店頭に出されるが、他の時はあまり見られない。しかし塩もみして漬け物にすれば、ピリッとして美味である。

だんだら粥は、一月十五日の小正月にいただく。粥といってもやわらかいご飯ではなく、小豆、少量の塩、餅の切ったものをご飯に炊き込んだもの。食べにくいのでお茶をかけようとすると、「ブトのせせる」（ブヨが寄ってきて刺される）とたしなめられた。炊き上がったばかりの小豆ご飯の上に餅をのせ、蒸らした後に混ぜるという作り方もあり、この方が幾分かは食べやすい。ダイコンとニンジンのなますを添える。

［森弘子］

食の原風景・遠賀川

五穀豊穣の地

九州第二の大河である遠賀《おんが》川。馬見《うまみ》山に源流を発し、上流域は嘉麻《かま》川とも呼ばれる。穂波《ほなみ》川や彦山《ひこさん》川、犬鳴《いぬなき》川など多くの支流を持ち、芦屋で響灘《ひびき》に注ぐ。

流域は、古来から稲作の盛んな穀倉地帯。飯塚、嘉穂《かほ》、穂波、筑穂《ちくほ》、稲築《いなつき》、庄内など稲作・米を由来とする地名も多い。また、清らかな湧き水にも恵まれており、酒造業も盛んである。

炭鉱全盛の頃には「ぜんざい川」と呼ばれたほど石炭の加工で川水が濁っていたが、清流に戻すための様々な取り組みが行われている。最近は、田んぼの持っていた自然の力が見直され、「ご飯とおかずを同時に作ろう」というコンセプトのもと、アイガモ農法を中心とした自然循環型の米づくりが実施されており、全国的にも注目されている。

また、地産地消、健康食ブームの高まりから、遠賀川上流のナシ、リンゴ、ブドウなどフルーツ狩りもできる農園に加え、地元農産物の直売所、郷土料理の店やスローフードレストランなども各地に増えてきており、観光の目玉として賑わいを見せている。

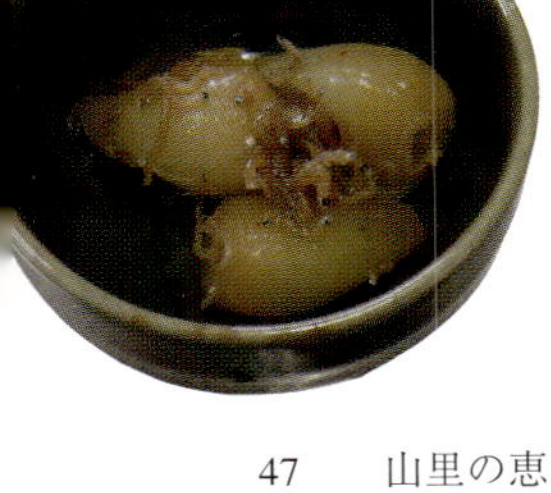

遠賀川流域の食材を使った料理(撮影協力＝飯塚市内野・野々実会の長野路代氏)。左から，生ラッキョウのジャコ煮，干しタケノコの煮物，ハヤの煮付け

思い出の味・川魚料理

遠賀川が清流であった頃は、コイ、フナ、ハヤ、ウナギ、シジミ貝などの漁が盛んであった。川魚は海から離れた農村の貴重なタンパク源であり、周辺には川魚料理を食べさせる店も多かったという。今でもスーパーの惣菜売り場には、ハヤやハゼの甘露煮が並ぶことがある。

昔は、田の神である水神祭りの日にはコイの洗い、フナやハヤの煮付けなど、川魚料理が必ず出た。また、秋の収穫後の行事、溜め池や用水路の水落としでは、集落総出でフナ、ナマズ、ドジョウ、タニシなどをとったという。ドジョウを生きたまま鍋に入れて煮るドジョウ汁やタニシのぬた（酢味噌和え）は格別だったというが、今では幻の味になってしまった。他にも沢ガニや川エビ、ザリガニなどの珍味が味わえたという。

以前は、仕事はそっちのけで川魚や沢ガニとり、ヤマイモ堀りばかりしている遊びの達人（「すかぶらもん」と呼ばれた）もかなりいて、地域の子どもたちに川魚のとり方や料理の仕方などを教えてくれた。子どもたちにとっては自然が遊び場であり、学習の場でもあった。

また、遠賀川上流の嘉麻市大隈には、全国でも珍しい鮭《さけ》神社がある。周辺では祭神のサケを食べない風習も残り、サケを奉納する献鮭祭やサケの放流が行われ、遡上も確認されている。

ハレの日のご馳走

一般的に祭事や法事には赤飯（おこわ）や五目寿司（ばら寿司、ちらし寿司、寿司ご飯ともいう）、味ご飯（かしわ飯など）を作る所が多い。また、お彼岸のぼた餅（秋はおはぎ）、端午の節句のガメの葉饅頭やちまき（一二三ページ参照）、お盆のタラ胃や棒ダ

柿の葉寿司（飯塚市歴史資料館〔庄内歴史資料室〕提供）。マビキ（シイラ）やサバ，小ブナなどを使った押し鮨や，鶏肉，ゴボウ，ニンジン，干しシイタケなどを細かく刻んで混ぜ合わせた五目寿司を柿の葉で包む。重箱へ詰めて軽い重しをのせ，一晩置いて食す

だぶ（らぶ）。県内の多くの地域で祝いの膳に作られたものであるが，今は名前すら知らない人も多い。根菜類を1センチ角に切り，鶏肉や薄揚げと一緒にコンブとカツオ節のだしで煮て，吸い物程度の味付けをする。最後に葛粉や片栗粉の水溶きを加えて少しとろみをつける。類似の料理として「くずかけ」（朝倉地方）や，とろみのない「にぐい」（豊前地方）がある

ラの煮付け（一二四ページ参照）も定番である。

おくんちなどの秋祭りには、柿の葉寿司が作られた。魚の押し鮨を柿の葉で包んだもので、柿の葉には防腐作用もあるため日持ちする。場所によっては楮《こうぞ》の葉などで包む。

実りの秋になると、あちらこちらでクリの実やギンナン拾いの光景が見られ、クリご飯やギンナンご飯が作られる。山神様（神社）の祭りの際には、サバとダイコン、ニンジンを甘酢で炒り煮する「ぬくめなます」やセンブキまげなどを作る。以前は、タイやサバなど新鮮な海魚は祭りなどの特別な時しか用いず、サバの浜焼き、塩サバや塩クジラなど加工品の使用が多かった。

古くから鶏肉（かしわ）食も盛んで、肉から内臓まで鶏を丸ごと一羽使うすき焼き（炒り焼き）や鶏ちり、鶏肉を炊き込んだかしわ飯（鶏飯）、鶏だし汁をご飯にかけた「ぼっかけ」、唐揚げなどが作られる。また、鶏皮やモツは酢の物に、肝は煮付けにして食べる。さらに、雑煮、そうめん、うどん、そばのだしに使うなど、調理法も豊富である。また、飯塚周辺には養鶏場が多く、新鮮な卵や、卵を使用したお菓子なども特産になっている。

そして、慶事・法事どちらにも欠かせないのが「だぶ」（らぶ）。ダイコン、ニンジンなどの根菜類や干しシイタケ、コンニャクなどを小さくサイの目に切り、葛粉（今は片栗粉を使うことが多い）でとろみをつけた「だぶだぶ」した汁物（汁と煮物の中間）で、けんちん汁に似ている。お祝いの時には縁起がよいとされる奇数の数の材料を使う、仏事には鶏肉は使わない、などの風習がある。あまったら、ご飯にかけて食べる人もいる。

旬の菜食

流域では、豊富な野菜・山菜類が収

ヤマイモ（自然薯）。ナガイモに比べて粘着性が強い。イリコだしなどで伸ばしてとろろ汁にし，麦飯にかけて食べる。野趣あふれる風味で，思わずご飯が進む

穫される。

　春はタケノコ。タケノコ寿司や和え物などにする。保存用の干しタケノコは年中楽しめる。ワラビやゼンマイ、フキ、ツクシ、ハチク（タケノコ）などの山菜は、煮付けか干して保存食にする。

　夏はニラ、エンドウ豆、インゲン豆、ラッキョウ、畑レンコン（オクラ）、キュウリ（特に青大と呼ばれる昔キュウリ）など。ラッキョウは梅干しとともに貴重な保存食になる。

　秋はナスビ（白ナスビもある）、ギンナン、クリ（ササグリ）、そしてナバ（キノコ）類など種類も豊富である。冬はシュンギク、シャクシ菜、水菜、カツオ菜、高菜などの青菜類が多く、ダイコンやカブなどの根菜類も収穫される。

　根菜類としては他にも、底井野《そこいの》（中間市）の特産品として知られたゴボウや、種類の多いサトイモ類、ジャガイモ、サツマイモ、茎のイモガラ（ズイキ）やイモヅル、ヤマイモやムカゴまで重宝した。また江戸時代に内野葛として幕府への献上品であった葛根や、オバユリの百合根なども利用されていた。

　以前は、高菜漬けや青菜類のちか漬け、キュウリやナスの塩もみ、おひたし、ゴマ和えや白和え、冷や奴、きらず（おから）の炒り煮、煮しめ、ヒジキやコンニャクの炒め煮、とろろ汁や冷や汁などの野菜中心の食事だった。そして農産物の他、「手前味噌」の言葉のように味噌や醤油などの調味料、さらに豆腐やコンニャクなどもすべて手前（家庭）で作るのが当たり前であった。

　そういう失われつつある自然・風土に根ざした食生活、食卓・台所の原風景が、遠賀川流域の農村部にはまだ残っている。

［竹川克幸］

修験の山・英彦山と求菩提山

修験道の霊場

福岡と大分の県境にまたがる英彦《ひこ》山（彦山）と求菩提《くぼて》山。二つの山は、修験道信仰の霊場（道場）としてその名を知られる。雄大な自然に囲まれた山のふもとには、豊前・京筑地方の平野部が広がっている。

山深い一帯では、山菜や野草、ナバ（キノコ）類、イノシシやシカ、野鳥などの山肉、山国川のアユやヤマメ、ウナギ、彦山川のコイなどの川魚と、四季折々に豊富な山里の恵みを味わうことができる。

また、周辺では「にぐい」がよく作られる。一センチ角に刻んだ根菜類、鶏肉をだしで煮込んだもので、だぶと似ているが、にぐいには葛粉や片栗粉が入っておらず、とろみがない。この他にも、フツ（ヨモギ）入りのこねきり餅、だんご汁など懐かしい料理が多く残っている。

現代に伝わる山伏料理

英彦山・求菩提山周辺には、修験道の山伏たちが生み出したという、山菜・野草などを使った精進料理が伝わっている。

山伏たちは、過酷な修業に日々精進するため、体調管理には神経を使っていた。山菜の保存技術（乾燥や塩漬けなど）に長じており、薬草の栽培も行

にぐい。だぶとは異なり，とろみがない

アユのせごし（福岡県内水面漁連提供）。ユズゴショウを添えて食べる

っていたという。現在では、山伏たちが使用した食器類などは残されているが、料理についての詳細はよくわからない。

言い伝えによる山伏料理の献立の一端を見ると、ゼンマイ、ワラビ、タケノコ、フキノトウ、ウド、シカ（山ウド）などの山菜の和え物、野菜の煮しめ、ナスの味噌煮、豆腐の田楽、シイタケなどのキノコ類を使ったナバ料理がある。

現在食べられるメニューはそれらを現代風にアレンジしたもので、豆腐の冷や奴、刺身コンニャクに加え、コイの洗いや味噌汁なども出される。特に湧き水を使った手づくり豆腐（英彦山豆腐など）やコンニャクは名物となっていて、薬味にはユズゴショウが添えられる。また、コイやコンニャクにはサンショウの入った木の芽味噌がよく合う。

川魚とイノシシ料理

山国川流域では、アユやヤマメ、コイ、ウナギなどの川魚が豊富にとれた。今でも、周辺の料理店ではアユのせごしや塩焼き、甘露煮、うるか（内臓の塩辛）、ヤマメの塩焼きや甘露煮、天ぷら、唐揚げ、コイの洗いやコイこくなどを味わうことができる。また、谷川でとれるカニ（ツガニ、沢ガニ）はそのままゆでたり、ガン汁やカニ飯にして食べる。

そして、この地域の名物といえばイノシシ料理。イノシシの狩猟が解禁となる秋から冬の風物詩となっている。江戸時代には、「山クジラ」の名前で、キジやシカ（モミジ肉）などとともにももんじ屋（山肉料理専門店）で出されていた。

イノシシを使った料理としては、今でも人気が高いぼたん鍋の他、味噌仕立てのしし汁や塩焼き、焼き肉などが

イノシシのぼたん鍋。牡丹の花びらのように肉を並べて出したことから，「ぼたん」と呼ばれるようになった。今では，冷凍技術の進歩により，旅館や料理店などで年中味わうことができる

ある。

　最近、山に餌がないため里に下りてくるイノシシが多くなった。しかし、それをつかまえてさばく人が少なくなったため、家庭で味わえることはめったにない。牛肉に比べると少し固いが、「歯ごたえと肉本来の旨味がいい」という人も多い。

山里の特産品

　まずは、九州を代表する特産品の一つとなったユズゴショウ。緑色とつぶつぶの食感、ユズの風味、青トウガラシの辛味が食欲をそそる。周辺地域では、コショウといえばユズゴショウというくらい、うどんやそば、鍋物や汁物、焼き鳥や刺身の薬味として定着している。

　以前は山伏秘伝の味として伝えられ、ほとんどが男性によって作られていたという。最近では、赤トウガラシを使った赤ユズゴショウなども作られている。また、電動ミキサーを使うと比較的簡単に作れることから、自家製のユズゴショウづくりを楽しむ人も増えている。

　ユズは他にも、ユズ味噌やユズ釜（皮を器にした料理）など、家庭で頻繁に利用されてきた。

　キノコ類も豊富で、特産品となっている。シイタケやシメジはもちろん、ハツタケ、ロウジ（クロカワ）、アミタケ、ハナタケなど珍しいキノコ類も多くとれる。以前はマツタケも豊富にとれたというが、林業の衰退、里山の疲弊により激減した。

　この他にも、小倉藩主・小笠原家への献上品であった川底柿《かわぞこ》（渋柿で、焼酎漬けのあおし柿や干し柿にする）や、もろみに野菜を漬け込んだ「くぼて漬け」、求菩提茶、イチジクなどがこの地域の特産品として知られている。

［竹川克幸］

恵みの大河・筑後川

川がもたらす豊かな食文化

筑後平野を流れ、有明海に注ぎ込む、日本三大河川の一つ筑後川。通称・筑紫次郎、古くは千年川や筑間川などと呼ばれ、地元では「ちっご川」の愛称で親しまれている。福岡・佐賀・大分・熊本の四県に流域が及ぶ大河で、巨《こ》瀬《せ》川、大刀洗《たちあらい》川などの支流も多い。

筑後川は、大雨が降ると一夜にして大氾濫を起こすことから「一夜川」の異名をとるほどの暴れ川であったが、度重なる洪水によって運ばれた土と温暖な気候が肥沃な土地を形成した。また流域は、耳納《みのう》連山や夜須高原などの豊かな自然、良質な湧き水に恵まれており、人々の生活を潤している。これらの条件を活かし、稲作・畑作や果樹栽培、酒造なども発達してきた。

野菜や果物などの新しいブランドの開発も盛んに行われている。また、流域一帯で「筑後スローフードフェスタ」という郷土料理を紹介するイベントも開かれるなど、筑後川流域の食文化が脚光を浴びている。

幻の魚・エツ

全国でも筑後川河口域にしか生息しないとされるエツ。ニシン目カタクチイワシ科の青魚であるが、外見は銀白色で白身魚のように見える。現在は、有明海から産卵のため遡上してくる五月一日―七月二十日前後が漁の解禁日となっている。

その昔、弘法大師が渡船のお礼に筑後川に投げ入れた葦《よし》の葉がエツになったという伝説が残る。また、江戸初期の儒学者・向井元升《げんしょう》の『庖厨備用倭名本草』に始まり、貝原益軒《かいばらえきけん》『大和本草』、小野蘭山『本草綱目啓蒙』など、江戸時代の博物学（本草学）の文献にも記されており、古くからその名が知られていたことがわかる。

鮮度が落ちるのが早い上、小骨が多くて細かい骨切りが必要となるため調理が難しく、料理店や屋形船で味わうのが一般的である。かつては下魚として食べない習慣もあったというが、現

刺身や塩焼き，煮付けなどのエツ料理（大川市・料亭旅館三川屋。久留米広域市町村圏事務組合発行「Wing」vol.15より）。５月から７月の漁期には，洗いも食べられるという

在では大川市（若津港）や久留米市城島町などの観光名物となっている。

豊富な川魚

筑後川上流では、天然ヤマメやアユがとれる。初夏の解禁時期になると、渓流沿いの店で塩焼き、甘露煮、せごしなどの料理が人々を楽しませる。しかし、家庭で多く食べられていたのはフナやハヤ（オイカワ）、コイである。

農閑期の地域行事で、クリーク（生活用水路）を放流して水抜きする「水落とし」（干《ひ》ぼかし、堀干し）の際、川魚は素手でとり放題であった。川魚も海の魚と同様、晩秋から冬にかけての寒の季節に身がしまり、脂がのるので、理に適った行事であった。そこでとれたフナやハヤは、甘露煮（飴炊き）や酢漬け、串焼きにしたり、焼き干しして保存食にしたりする。フナは刺身や洗いが一番という人もいるが、最近は河川の汚染や寄生虫の問題もあ

右：天然河川とほぼ同条件で行われるコイの流水養殖では，臭みがなく身のしまった，天然ものと遜色ないコイが育つ
左ページ：カモ飯，狩場焼き（鉄板焼き）などのカモ料理（小郡市・さとう別荘。久留米広域市町村圏事務組合発行「Wing」vol.15より）。カモ肉は，「カモがネギを背負ってくる」といわれるようにネギとの相性がよく，長ネギを使った料理が多い

って食べる機会は減ってしまった。天然のスタミナ源といえば、コイやウナギ。筑後川の中下流域には、「川魚の長《おさ》」として珍重される天然のマゴイや「青」と呼ばれる良質の天然ウナギがいて、やな、てぼ（筒状のかご）などの漁具で簡単にとれたという。

　他にも小川や水路、田んぼでとれたタニシやコヒナ（カワニナ）、ナマズ、ドジョウ、山太郎ガニ、スッポンなどが日常的に食べられていたという。近年では河川改修が進み、小川や水路の生物も少なくなってしまった。童謡にもあるような「どじょっこ、ふなっこ」の光景が見られないのは寂しい限りである。

江戸へも献上されたカモ

　旧久留米藩領の小郡《おごおり》市にはカモ料理が伝わる。昔はたくさんの溜め池、湿地帯があり、多くの野ガモ（マガモ）が飛来したという。

　江戸時代には藩主・有馬《ありま》氏の狩猟場があり、藩への上納品や、藩から江戸幕府への献上品にもなっていた。また、当時カモは税の対象産物であり、明治以降に溜め池が共同狩猟場となっても、狩猟は入札許可制がとられていたため、庶民はめったに食べることができなかった。近年では、アイガモや外国産のカモ肉などの普及により、カモ料理も一般的になった感がある。しかし、天然のカモ料理は今でも、秋から冬にかけての限られた楽しみである。

　猟期になると、溜め池のほとりに見張り小屋を設置し、幅一メートル、長さ二〇メートルほどの細長い「無双網」という網を仕掛け、傷つけないように捕獲する。以前は狩猟場で、とったばかりのカモをぶつ切りにし、砂糖醤油につけて焼き、食べていたという。

家庭の味・粉物

　筑後平野は小麦の生産も盛んで、小

麦粉を利用した料理が多く残っている。うきは市のそうめん「浮羽麺」や、元来家庭の味であったうどんも名物として定着しつつある。かつては各集落や家庭に製麺機があり、うどんの麺づくりは子どもたちの役目だったという。

また、根菜類とちぎっただごを入れた「つんきりだご汁」も家庭の味である。おやつとしてよく食べられたのが「ごろし」で、だごに黒砂糖やきな粉をまぶしたもの。他にも、黒砂糖や味噌を挟んだ和風クレープ「ふなやき」、裸麦と玄米を煎って臼で挽き、黒砂糖や塩と混ぜた「こうばし」（はったい粉）、小麦粉に重曹を混ぜ、あんを入れて蒸した「ソーダ饅頭」、サツマイモなどを入れた「イモ饅頭」（イモ餅）など、小麦粉を利用した素朴なおやつが多い。

祭りの時に作られたのが、米粉や上新粉を使い、さんきら（サルトリイバラ）の葉で包んだ「さんきら饅頭」

ごろし。小麦粉を練って作っただごに黒砂糖やきな粉をまぶして食べる素朴なおやつ。油で炒める「あぶらげごろし」もある

（ガメの葉饅頭ともいう。一二三ページ参照）。ひな祭りの「フツ（ヨモギ）だご」、「よど」と呼ばれる夏祭りの「よど饅頭」、端午の節句のちまきなどもよく作られた。

多彩な果物・野菜類

全国的にも有名になったフルーツ狩りは筑後が発祥地といわれる。朝倉・田主丸《たぬしまる》・浮羽・杷木《はき》方面では、イチゴ狩り、ナシ狩り、ブドウ（巨峰）狩り、柿狩りなどが楽しめる。近年は、温州ミカン、キウイ、イチジク、ブルーベリーなどの栽培も盛んに行われている。

野菜類では、レンコン、ゴボウ、イモ類など根菜類が豊富に収穫され、各家庭では事あるごとに、それらを使った煮しめやがめ煮が作られた。

最近では、ブランド野菜・果物の開発にも力が入れられており、博多万能ネギ、イチゴ（博多とよのか、あまおう）、博多ナス、博多キュウリ、博多ブナシメジの他、アスパラガスやホウレンソウなどもよく知られている。

『万葉集』にも登場するほど古来より親しまれているヒシの実は、筑後から佐賀平野にかけての秋の味覚。大木町では、クリークを利用し、皮が赤く大ぶりな鬼ビシの栽培が盛んである。十月－十一月上旬になると、「はんぎり」という底の浅い桶に乗って収穫する。この時期に道端で見られる、ヒシの実をますに入れて売る「ヒシ売り」も風情がある。

食べ方は、まず水洗いした後、水に浸して泥やアクをとる。これを数回繰り返し、三十分ほど塩ゆでするか、生のまま素揚げする。イモやクリに似た素朴な食感で、おやつやおつまみとして好まれる。

古くからの名産品

まず、筑後川の支流・黄金川でとれる淡水海苔の川茸《かわたけ》（スイゼンジノリ）。

右：アスパラガスの栽培風景（大木町）
下：山汐菜の漬け物（久留米観光コンベンション国際交流協会提供）

ヒシの実（久留米広域市町村圏事務組合発行「Wing」vol.15より）と，ヒシの実とりの様子

以前は熊本や久留米でも採取されていたが、今では全国唯一の貴重な味となった。ミネラルが多く含まれ、生を酢の物などにして食べる。江戸時代には、乾燥させたものが秋月藩の特産品として幕府へ献上された。

秋月葛も秋月藩御用達の伝統的な名産品であり、川茸同様、江戸方面への出荷が多かった。葛には風邪や下痢止めなどの薬効があるといわれ、葛湯がよく飲まれた。名産品である葛餅、葛饅頭、葛桜、葛ようかん、葛切り、葛そうめんなどの他、くずかけなどの料理のとろみづけにも使われる。

山汐菜《やましおな》（山潮菜とも書く）は、江戸時代、筑後川上流で栽培されていた青菜の種子が大雨による山潮（山津波）で現在の久留米市北野町に流れ着き、自生したものといわれている。この山汐菜や高菜の漬け物の他、ダイコンの百本漬け（たくあん）、馬田《まだ》瓜の粕漬け、高級黒砂糖の三奈木砂糖やハチミツなどが伝統的な名産品として知られている。また、筑後は酒造も盛んで、古くからの酒蔵が今も多く残っており、蔵開きの時期には人であふれる。

［竹川克幸］

葛餅（朝倉市秋月・廣久葛本舗提供）

素朴な味が残る矢部川

矢部川上流、奥八女の星野村

星野村は、福岡県南、大分県との県境に位置し、星野川に沿って東西に細長く家屋が点在している。星野村は約八割が山村で、村全体が急峻な地形のため、石積みの棚田が多く現存する。この棚田の風景は「日本の棚田百選」に選ばれた。しかし、高齢化が進み、棚田の維持・管理が厳しくなってきている。

日本一の栄冠を何度も獲得した星野茶は、高級茶として全国に知られる。山肌の棚田で育った味わい深い米や高冷地野菜のトマト、夏・秋ナスなど、「星野ブランド」として多くの消費者の信頼を得ている。

星の観察ができる「星の文化館」、玉露の味が堪能できる「茶の文化館」など、星野村の特色を活かした様々な施設が整備されている。星野村を訪れる観光客は年間約三十二万七千人である。

先人たちが、交通機関も不便な中で、試行錯誤しながら生み根づかせてきた郷土料理が色々とあり、今もなお、懐かしいおふくろの味として受け継がれている。

縁起物のサバ鮨とちまき

星野村の郷土食の代表的なものにサバ鮨がある。昔は冷蔵庫もなく、魚類

ヤマメの塩焼き（福岡県内水面漁連提供）

星野村の茶畑

は塩蔵物か干物しか手に入らず、そのような状況の中で知恵をしぼりながら作ったのであろう。中でも、お頭《かしら》付きサバ鮨（六五ページ参照）は縁起のよい料理である。

秋の祭りあたり頃からが旬となる。一塩物のサバの骨を抜いて酢じめをし、酢飯をサバの腹いっぱいに詰め込み、丸々と太ったサバ鮨を作り、祭りや行事ごとに食したものである。今もなお、郷土食として作り守られ、都会の方々にも好評な一品である。

旧の端午の節句のちまきづくりは賑やかだ。前日に河川の上流に生息する葦や熊笹、棕櫚《しゅろ》の葉などの材料を準備しておく。餅粉七、うるち三の割合でだんごを作り熊笹と葦で巻き、棕櫚の葉を細かく裂き、この紐で角を作りながら巻き上げてゆく。十本束ねて結び蒸す。今でも「星のふるさと会」のメンバーが毎年作っている。

サトイモ饅頭。皮をむき塩で味をつけるが，家によっては醤油で味をつける所もある。小麦粉に塩を少々入れて熱湯を注ぎ，ヨモギなどを入れてよくこね，このだんごで味付きイモを包み蒸す。ヨモギの風味と色は格別である

ふなやき。小麦粉の中に水を注ぎトロトロにして，シソの葉を刻み入れフライパンで薄く焼き，黒砂糖をたっぷりのせてクルクル巻いたクレープのようなもので，シソの風味がよい

季節ごとのおいしいおやつ

秋のサトイモの収穫後には、小さいイモ、丸々としたイモ、時には親イモなどを具にしたサトイモ饅頭がよく作られる。このサトイモ饅頭は星野村の人気ナンバーワンの郷土食である。九月の中旬頃から、物産販売所「おばしゃんの店・清流」で販売されている。

夏間近くになると、シソの葉を利用して作る「ふなやき」がある。これは幼い頃から、おやつとしてよく食べた。シソの風味がたまらない一品である。昔の人は季節ごとにおいしいものを食べていたことに感心させられる。

旬の食材を活かす

とっておきは、地鶏と旬の野菜が入ったがめ煮である。昔は祝い事が始まると、鶏小屋に入って鶏の首をひねり毛をとり、サッと火であぶりさばいていた。ささ身と胸身は刺身にし、あと

鬼の手こぼし。中国ちまきに似た食べ物で，八女地方では昔から作られていた。同量のもち米とうるち米を孟宗竹の皮で包み，ゆでたもの。その由来については，鬼の拳のようだからとも，鬼でも片手で持てないほどの大きさだからともいわれている

はがめ煮や水炊きに利用していた。旬の野菜をたっぷり入れて地鶏で作ったがめ煮は、味も風味も最高であった。今もなお、あの香りが記憶にあるが、現在では、昔の風味とはほど遠いものになっている。あの頃の味と香りを再現したい。

田植えの頃のジャガイモが入った醤油味の手打ちうどん汁もおいしかった。秋はサトイモの入っただご汁。かまどで大鍋にイリコだし、シイタケ、ゴボウ、ニンジン、サトイモ、ダイコン、タマネギ、ハクサイ、だんごを入れ、我が家で作った味噌で炊いただご汁にユズゴショウを入れて食べると、とてもおいしかった。これは十一月に開催される「星のまつり」のバザーで食べるのが最高である。

＊

郷土料理として今なお残っているものは、地産地消そのものである。これからも先人が築いた郷土料理を守り、若い世代に伝えていきたい。

［西田陽子］

上：ゼンマイの煮物（平成19年11月の筑後スローフードフェスタ・矢部村「杣の里」にて）
下：だご汁。だごとは小麦粉をこねて平たくしたもの。小麦粉をゆるめに練ってしゃもじにのせ，箸で落としながら煮たものを「つんきりだご汁」ともいう。食べると身体が芯から温まるので，寒い時期には頻繁に作られた

鶏ちり（そうめんちり）

作り方

❶地鶏肉は食べやすい大きさにそぎ切りにする。ハクサイは縦半分に切り4、5センチの長さに、タマネギはくし形に、青ネギは4、5センチの長さに切る。糸コンニャクは5分間ゆでてザルにとる。そうめんは固めにゆでておく。

❷鍋に1500ccの水を入れ、地鶏・ガラを1時間、アクをとりながらやわらかくなるまで煮る。

❸②から鶏ガラを取り出し、スープ1200ccに砂糖、醤油を入れて5分間煮る。糸コンニャク・タマネギ・ハクサイ・モヤシ・豆腐の順に加え、最後に青ネギを入れる。そうめんは食べる分だけ入れ、サッと煮て食べる。途中で地鶏肉を追加してもよい。

材料［4人分］

地鶏モモ肉………400g	モヤシ（細め）1袋
鶏ガラ………400g	青ネギ……… 5本
ハクサイ………400g	焼き豆腐……… ½丁
タマネギ 1玉（200g）	そうめん………200g
糸コンニャク……… 1袋	砂糖… 75g
	醤油…100cc

がめ煮

材料［4人分］

鶏骨付き肉………… 300g	絹サヤ…… 5枚
サトイモ………… 200g	だし…… 400cc
ニンジン…70g	醤油………25cc
タケノコ…80g	塩…小さじ½〜⅔
干しシイタケ…10g（3, 4枚）	みりん……30cc
コンニャク……………80g	砂糖………30g
	サラダ油………大さじ1

サバの一本鮨

材料［４人分］

新鮮なサバ……２尾 （１尾が400―500ｇ）	すし飯
塩…………½カップ	白米……２カップ
甘酢	コンブだし ……… 2.2カップ
酢………１カップ	すし酢
砂糖……½カップ	酢……………50cc
塩………小さじ½	塩……………６ｇ
赤唐辛子 …１本（小口切り）	砂糖…………40ｇ

作り方

❶サバはうろこをとり、背から開き中骨をとる。両面に塩をまぶし冷蔵庫で1時間しめる。

❷①の塩を洗い流し、水気を拭いてから甘酢に20分つけ、小骨をとる。

❸②の身にすし飯を詰めラップを巻き、1時間くらいおいて一口大に切り、すすめる。

＊好みでワサビを塗ったり、シソや甘酢ショウガのせん切りを挟んでもよい。

作り方

❶鶏肉は一口大に切る。

❷サトイモは皮をむいて乱切りにし、塩でもんで水洗いしてゆがく（後でもう一度煮るので、ここでは中まで完全に火が通る必要はない）。

❸ニンジン・タケノコは乱切り、コンニャクはスプーンでちぎるように切り2、3分ゆでてざるにとる。シイタケは戻して銀杏切り、絹サヤはすじをとりサッとゆでて水にとる。

❹鍋に油を熱し、鶏肉を入れて軽く炒め、ニンジン・タケノコ・シイタケ・コンニャクを入れてさらに炒め、だしを加えて2分間煮る。次に砂糖を加え2分間煮てから塩を入れ、煮汁が半量になったら醤油、みりん、サトイモを加えて汁気がなくなるくらいまでゆっくり味を染み込ませる。

❺器に盛り、絹サヤを飾る。

＊福岡県下一帯で見られる代表的な郷土料理。野菜もたくさん入っており、毎日でも食卓に出したい一品。

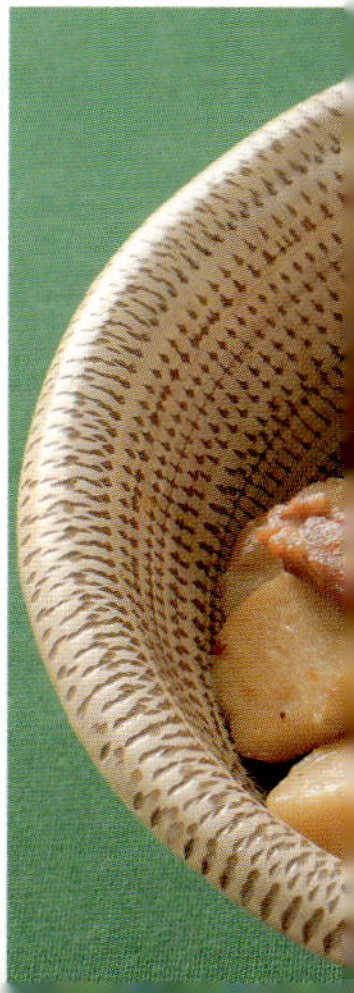

福岡市中央区天神の屋台

町の味

歴史と自然の北九州・小倉

百万都市の豊かな自然

北九州市は九州の最北端に位置し、北に響《ひびき》灘（日本海）、東に周防《すおう》灘（瀬戸内海）を配し、関門海峡を挟んで本州と対峙する。南側の山間部はカルスト大地で知られる平尾台があり、北九州国定公園に指定されている。百万都市でありながら、豊かな自然の中で豊富な海産物、農産物に恵まれている。

北九州市の実質的中心街である小倉は、中世においては紫《むらさき》川河口周辺に位置する、小倉津、小倉城、小倉代官所など、狭い地域の呼称であった。

寛永九（一六三二）年、小笠原忠真《ただざね》は小倉藩十五万石に封じられ、それ以後、幕末まで小笠原氏がこの地を統治した。

小笠原家ゆかりの糠漬け

北九州は小倉で一番の郷土料理といえば「糠漬け」である。

言い伝えでは元々は小笠原家に伝わる保存食であったが、忠真公が小倉に持ち込み、それが庶民の間に広まったのだとか。小笠原氏は元々、信濃国を本拠地とし、播州明石から豊前に転封した大名である。

信濃（信州）は今でも、野沢菜漬けや味噌漬けなど様々な漬け物が盛んなことで知られている。小倉では今でも糠漬けを「床漬け」と呼ぶが、小笠原

糠漬け

家が糠漬けの桶を大切にして「床の間」に置いたことにちなんでいる。

　信濃から持ち込まれた糠床は北部九州の気候とぴったりと合い、小倉ならではの郷土食へと発展した。植物乳酸菌に詳しい東京農大の岡田早苗教授によると、北九州の糠床にはよそにはない特殊な乳酸菌が生息しており、床を百年二百年と長生きさせているのだとか。小倉の糠漬けが日本一だといわれる所以である。

北九州市小倉北区魚町・宇佐美商店の糠床。100年以上使われてきたもの

　「糠床」は米糠に塩を入れ、水で味噌の固さに伸ばし、捨て漬けの野菜を繰り返し漬けて乳酸菌を増やすというシンプルな作り方であるが、丁寧に手入れをし、初夏にとれるサンショウの実を加えればよい香りの「漬け床」となる。

　キュウリは夏なら三時間ほどで、真冬でも一昼夜おけばたいていの野菜がおいしく漬けられる。野菜の持つビタミンCなどは残り、糠に含まれるビタミンB群が野菜に移行し、正真正銘の健康食品である。

　小倉独特の料理である「じんだ煮」は、サバやイワシを砂糖と醤油に糠床を一握り加えて炊く。糠床の塩分と乳酸菌が作り出す酸が魚の保存性を高める。手入れのよい床と新鮮な魚介類が出合って完成された料理はえもいわれぬおいしさである。家庭でのみ作られていた料理だが、最近は商品化されていて土産品として人気である。

北九州独特の野菜

　北九州市は百万都市でありながら農地二四〇〇ヘクタールを有し、様々な農産物が作られている。小倉南区の合《おう》馬《ま》地区のタケノコは品質がよく、京阪神でも広くそのおいしさが知られている。

　「紫小町」のブランド名がつけられ

「紫小町」のブランド名がつけられた小ナス

た小ナスは、普通の大きさのナスを一〇センチに満たないうちに収穫するという贅沢な栽培方法で、宝石のように美しい紫色である。

北九州でシュンギクといえば、葉先に刻みがない「大葉春菊」である。またの名を「ローマ」というこのシュンギクは、香りが優しくやわらかなので生で食べることができる。ローマと呼ばれるのはイタリアから種がもたらされたからだといわれるが、熱心な品種改良の結果でもある。

鍋物は、博多では「鶏の水炊き」、北九州では「ちり」である。ちりはフグを始め白身の魚をサッと熱湯にくぐらせると「チリリ」と身が縮む様を見て名づけられた。淡白な味のちりに入れるシュンギクは、菊菜といわれる、葉に刻みの入った小葉春菊では香りが強すぎる。ローマ春菊が小倉や下関の一部で栽培されるのは、白身の魚との相性がよいからだ。

タケノコとフキと竹輪の炒め煮。赤褐色の粘土質土壌が広がる合馬地区のタケノコは，アクが少なく，やわらかくて舌触りがよいのが特長。京都の料亭でも珍重され，関西市場では高級品として取引されている

やわらかくて香りも優しいので生でも食されるローマ春菊

「白菜菜」は丸く結球しないハクサイで、北九州以外では見かけにくい野菜である。油揚げと一緒に炒めて炊くとアクが少なく淡い緑が美しい。子どもの頃の食卓には頻繁であった。

これらの野菜の栽培地は消費地と近く、北九州の台所には新鮮なうちに届けられる。

小倉発祥の焼きうどん

焼きうどんは小倉が発祥の地なのである。小倉の駅からほど近い鳥町食堂街の「だるま食堂」。終戦直後の物資の乏しい中で中華麺が手に入らず、手元にあった乾麺をゆでて作ったのが始まりとか。今でも変わらぬ味を二代目・坂田チヨノさんが守り続けていらっしゃる。

豚の脂でうどんを炒め、ソースで味をつけたシンプルな味であるが、極めつきのうまさである。うどんを香ばしくなるまで鉄板でしっかり炒め、最後

白菜菜と油揚げの煮物。白菜菜は北九州独特の野菜で，一般的なハクサイと異なり結球しない。種をまいてから25日前後で収穫でき，夏を中心に１年中出回っている。アクが少なく，主に煮て食べられる

焼きうどんを作る坂田チヨノさん（北九州市小倉北区魚町・鳥町食堂街のだるま食堂）

に絡める魚粉がうどんの表面の脂を吸収して油っこさを感じさせない。とにかく愛情を込めてしっかりと丁寧に炒めるのがコツ。

チヨノさんは病気で入院した時も「夢の中で一日中うどんを焼いていました」とおっしゃっていたが、同じ材料で同じ作り方をしても、この味は出し得ない。焼きうどんは小倉の人が作り出す人情の味でもある。

屋台のおでんとクジラ料理

小倉駅から徒歩で十分ほどの旦過《たんが》橋の近くにはおでんの屋台が出る（一三一ページ参照）。メニューはおでんとおにぎり。博多との違いは、酒がなくおはぎが置かれていること。子どもの頃、五十年近くも前だが、父親に連れられて、大きな鍋にきちんと整頓されて煮込まれているおでんを食べるのが本当に楽しみだった。

その他、独特の分厚い鉄板の鍋で、ホルモンと野菜を濃いタレを使って煮込んだ「トンちゃん」は、博多のモツ鍋とは趣きを異にする。

昔は市場に必ずあった鯨肉専門店（現在でも旦過市場に二件が店を開いている）。これは戸畑に日本水産のトロール船基地があったからである。三十年くらい前の家庭では頻繁にクジラ料理が食卓に上り、急な来客のためにクジラの尾の身が冷凍庫に保存されていた。

＊

海のもの、畑のものが豊富で、石炭産業や八幡製鉄所の繁栄のもと、様々な地方から職を求めて移入してきた人々や隣りの国・韓国の影響も受けて、とにかく北九州・小倉の食は楽しくも豊かである。

［山際千津枝］

商家の伝統が息づく博多

ごりょんさんの料理

　博多という名称の初見は、『続日本紀《しょくにほんぎ》』に記された「博多大津」である。その後、遣唐使の経由地や日宋貿易の中心地として商人が活躍し、商都として栄えてきた。狭義の博多は、東の石堂川《いしどう》あたりから西の那珂川《なか》あたりまでを指すが、現在では福岡市域全体を指すこともある。

　博多で「ごりょんさん」といえば、商家の奥さんのこと。博多区で十代以上も続く旧家・稲生家の一年間の行事や料理の覚書を見せてもらった。一言でいえば、大変忙しい。毎月毎月、長年のしきたりどおり今でも続けておられる。その中で、一番心に残った言葉を引用させていただく。

「朝毎に神様・仏様を拝む。
天下太平・五穀豊穣・家内安全・商売繁昌を願う。
願ひがかなった時は必ずお礼を申し上げる。
御先祖様・神様・仏様に対して有難うございますの感謝の気持ちを持つこと」

　ごりょんさんの料理は、こんな気持ちが込められた、食べ物を無駄にしないで工夫して作るおいしい料理である。

一汁二菜の吸い物膳

　かしわ飯に吸い物（豆腐、カマボコ、青み野菜）、がめ煮、ぬたえの一汁二菜の膳を「吸い物膳」という。

　かしわ飯は一般的には鶏の炊き込みご飯といわれるが、海に近い所では、サワラやハイオ（カジキマグロ）を使う。山里では、庭で飼っている鶏をしめて、祭りやお客が来た時に料理して出す。

　福岡県の代表的な郷土料理であるがめ煮。色々な材料を「がめくりこんで」煮るから、昔、博多湾にたくさんいたカメ（ガメ）と一緒に煮たから、と由来については諸説ある。博多では、正月や祭りには必ずといっていいほど作られ、福岡県全域でも同じようなものが作られる。骨付き鶏のぶつ切りと

かしわ飯，吸い物，がめ煮，ぬたえの「吸い物膳」

根菜類を少し甘めの醤油味に仕上げる。

ぬたえは、ぬた和え、または短くしてぬたともいう。博多の正月や祝いの膳に出される。塩と酢でしめたイワシ、アジ、コノシロなどの細切りと、ダイコン、ニンジンの短冊切りを塩もみして水洗いし、水気をよく切ったものを酢味噌で和え、上にネギの小口切りを飾る。また、お酢《す》和《あ》えは精進の時に出される和え物で、ダイコン、レンコンなどの野菜と、魚の代わりに薄揚げを使い、ゴマと甘酢で味付けをする。

多彩な鍋物

水炊きは一押しの博多の郷土料理。ルーツは中国風の鶏の煮物とか洋風のコンソメスープとかいわれるが、これこそ日本人の得意とする、外国の料理を日本人向きに作った一品であろう。店により、澄んだスープをベースにする所と、白濁したスープの所とがある。

家庭でも寒くなると水炊きを作るが、

イワシのちりの具材。10センチくらいの子イワシの頭と内臓をとり，豆腐と好みの野菜をコンブだしで煮てポン酢で食べる

本来の食べ方は、まず鶏のスープをとり、その中に食べやすい大きさに切って三十分ほどゆがいた骨付き鶏を入れ、まずはおいしいスープを飲む。それから鶏をポン酢で食べ、スープの味が濃くなったところで野菜を入れて食べる。鍋の後は雑炊にしたり、うどんなどを入れたりするとよい。

今や全国的にもメジャーになったモツ鍋。牛のシマ腸、キャベツ、ニラ、ニンジン、うどんを入れて煮込むテッチャンチゲという朝鮮の家庭料理や、炭鉱労働者が当時捨てられていた豚の内臓（放《ほお》るもん）で作っていたトンちゃんまたはホルモンという料理が、そのルーツといわれている。

そして最後になべぐ（鍋具）。コンブだしに吸い物より少し濃い目の味をつけた中に魚と好みの野菜、キノコを加えて煮る。魚は脂肪分の少ない青魚を使う。煮汁とともに食べる冬の鍋物である。

モツ鍋（福岡観光コンベンションビューロー提供）。すき焼き風に作るものと汁気の多いものと2通りの作り方があり，味付けも醬油味，味噌味とある。最後は，チャンポン玉を加えて残らず食べられる。野菜たっぷりでカロリーも低く，ヘルシーさが受けて若い女性にも人気である

あちゃら漬けとおきゅうと

あちゃらとは、ポルトガル語で漬け物を意味する「アチャール」に由来するという。火を通した材料を調味液に漬け込むものである。材料は白ウリ、レンコンなどの夏野菜。これらを縁起がよいとされる奇数種類用意してサッとゆでる。甘酢に輪切りの鷹の爪を少し加え、一煮して冷ましたものを野菜にかけて漬け込む。鷹の爪がピリッと利いた夏の料理であり、特にお盆に作られる（一二三ページ参照）。

おきゅうと

おきゅうとの原料はおきゅうと草（エゴノリ）である。これにイギスやテングサを少し混ぜる。海草類は何回も水洗いし、天日干しをして保存する。乾燥したものを叩いてもみ洗いし、砂やゴミをとって汚い汁を絞り、お湯の中で、酢を少々加えて一時間ぐらい煮るとドロドロになる。これを布ごしして型に流し固める。

今は少なくなってしまったが、博多の朝食には必ずおきゅうとがあった。

新鮮な魚を使った料理

アジを使った料理に「アジの博多おし」がある。切り口が縞目《しまめ》になって博

アジの博多おし。アジの上身に塩をして酢でしめたものを大きくそぎ切りにし，甘酢につけたダイコンやニンジンの薄切りを交互に重ね，重しをかけた後，一口大に切る。シソの葉や細切りショウガ，すし飯を重ねてもよい

シロウオ（左）と，室見川に仕掛けられたシロウオのやな（福岡市西区愛宕・とり市提供）。踊り食いは，ウズラの卵が入った二杯酢に，大鉢に泳ぐシロウオをすくって入れ，フタをして少し弱らせ，汁とともにすすり込む

多帯の柄に似ているので、博多という呼び名がある。他にも高野豆腐の博多蒸しやハクサイと豚肉の博多など、色んな食材で同じように作ったものに博多という料理名がつけられている。

博多に春を告げる魚・シロウオ。シロウオとシラウオ、よく間違えられるが、博多湾に注ぐ室見《むろみ》川で二月から四月にとれるのは、ハゼ科のシロウオである。三月の最盛期には魚屋に出てくるので、有名な踊り食いの他、家庭でも卵とじや天ぷら、吸い物の種にして食べる。

博多の名物

全国的にもメジャーになった博多ラーメン。その特徴は白濁した豚骨スープとストレートの細麺にある。注文する時は、ヤワ、カタ、バリカタなど、麺のゆで加減を指定する。また、替え玉といって、スープを残して麺だけを追加注文する。最近は、それぞれのラ

博多を代表する名物・ラーメンと明太子
（福岡観光コンベンションビューロー提供）

博多町人文化連盟によって復活した筥崎宮・放生会の「幕出し」行事（福岡市博物館提供）

ーメン店が味に工夫を凝らし、東京や関西にも出店している。

博多のうどんは麺がやわらかく、すめ（だし汁のこと）はサバ節、カツオ節、アゴ（トビウオ）、コンブなどでとり、薄味で色も薄いが旨味と香りがある。ゴボウ天（ゴボウの天ぷら）うどんと丸天（魚のすり身を丸形にして揚げたもの）うどんが代表といわれるが、今は上にのせる具も色々ある。

博多のお土産品の代表格である明太子。明太とは朝鮮語の「ミョンテ」（スケソウダラのこと）からきている。酒の肴としてそのまま食べたり、ご飯にのせたり、最近では明太子パスタも定番となっている。

三大祭りと食

毎年、全国から多くの観光客を集める博多どんたく港まつり。大正の時代まで、商家の店先へどんたく隊が来て芸を行った後、大鉢に盛られたタイの浜焼き、焼きイカ、カマボコ、卵焼き、コンブ、タケノコの煮物、砂糖をつけた夏ミカンと冷や酒が出された。

博多に夏の訪れを告げる博多祇園山笠。山笠期間中、キュウリを食べてはいけないといわれる。これはキュウリの切り口が櫛田神社の神紋に似ているからである。山笠をかく前、かいた後は鉢盛り料理が出されるが、がめ煮の串刺しや枝豆、卵焼き、カマボコ、梅干し入りおにぎり、かしわ飯のおにぎり、たくあんなど、いずれも手でつまめるものである。

毎年九月に筥崎宮で行われる放生会《ほうじょうえ》（博多では「ほうじょうや」と呼ぶ）。明治・大正の頃は「幕出し」といって、町内やお店のものを持ちよって箱崎の松林に幕を張り、料理を食べ、酒を飲み、歌をうたい、露店を見て楽しんだ。今でも露店などでは、秋に出回るクリや新ショウガを売っている。

［松隈紀生］

梅の香漂う門前町・太宰府

宰府参詣の楽しみ・梅ケ枝餅

「お寄んなさいませ」
「餅も焼けとりますよ」
こうばしい香りとともに、店々から聞こえてくる招きの声が心地よい。餅とは梅ケ枝餅。太宰府天満宮参詣の土産として名高い名物である。

太宰府天満宮の祭神は菅原道真公。今から遡ること一一〇〇年の昔、右大臣から大宰権帥に左遷され、都から遠く大宰府に下向し、この地で五八年の生涯を終えた。梅ケ枝餅は配所の道真をなぐさめるために、浄妙尼《じょうみょうに》（浄明尼）という老婆が作って差し上げた餅だとか、亡くなられた時、その柩に梅の一枝を添えて捧げた餅だとかいわれている。

狂歌で有名な大田南畝《なんぽ》（蜀山人《しょくさんじん》）は、文化二（一八〇五）年十月十四日、山家《やまえ》宿（筑紫野市山家）に泊まった時、宰府の検校坊より海陸安全御守と梅ケ枝という餅を持ってきたことを、紀行文『小春紀行』に書いている。また延寿王院の日記には、天満宮参詣の折り立ちよった殿様やお姫様にお茶菓子として出したことが見え、形状は不明であるものの、江戸後期には確実にあった名物だということがいえよう。

江戸中期以降、庶民の社寺参詣が盛んになり、大阪天満宮の粟おこし、京都・今宮神社のあぶり餅、浅草寺の雷

太宰府名物・梅ケ枝餅

おこしなど、各地の門前町に名物が誕生した。太宰府天満宮の門前町や境内にも茶屋ができ、梅ケ枝餅は宰府参詣の楽しみともなり、また天満宮から各地へ配札に出かける際の土産ともなった。

史料に見る梅ケ枝餅のルーツ

元禄六（一六九三）年に書かれた太宰府天満宮オリジナルの『天満宮縁起』には、道真が榎《えのき》寺に着いた時、老婆が何くれとなく親切にし「麹の飯を松の葉にすえ道真に奉った」とあり、『天満宮縁起画伝』には臼の上に座した道真に、老婆が松の葉の上に盛った飯を捧げる様子が描かれている。この老婆はもろ尼御前といい、道真の配所の跡・榎社の境内に祀られ、社は浄妙尼社と呼ばれている。梅ケ枝餅のルーツはこのあたりに求められようか。

もちとうるちの米の粉を八対二ー七対三の割合で混ぜ（夏はうるちを若干多めにする）、こねた中に小豆あんを入れ、丸めて焼型の中に入れコンロにのせて焼く。餅の生地を入れる方には梅紋が中央に型押ししてあり、一方は平板で、こちらを蓋にして挟んで焼く。餅の直径は七五ミリ、厚さは一五ミリほど。外はパリッと内側はモッチリとした皮に包まれたアツアツのあん。や

上：梅ケ枝餅は普通１つの型で一度に４個焼く
下：菅原道真に麹飯を奉る老婆（『天満宮縁起画伝』第６幅部分，太宰府天満宮蔵）

はり焼き立てが最上であるが、最近ではラップに包んだものを持ち帰り、レンジやコンロで温めたり、発送用には冷凍梅ケ枝餅も開発されている。

梅にちなんだ様々な名物

梅ケ枝餅の他にも門前町・太宰府には、菅原道真が好んだ「梅」にちなむ名物が多い。

昭和三十（一九五五）年頃までは、参道に干された梅の甘酸っぱい香りが初夏の風物詩だった。どの店でも自家製の梅干しを作り販売したが、参拝客が増えてからは参道に干されることもなくなり、今では自家製の梅干しを商う店もわずかになった。それでも参道では、大分県大山産の小梅や中国産のかりかり梅が根強い人気を持ち、紀州梅の加工品、カツオ梅、梅の実ひじき、梅コンブ茶、梅のシソ巻き甘露煮、梅ワイン、青梅の菓子など、およそ梅を加工したありとあらゆる商品が土産物として並んでいる。

小梅の塩漬け。昔は参道の多くの店が，自家製の梅干しを作り販売していた。特に小梅は太宰府土産として喜ばれた

梅のふりかけは、近年スーパーでも売られているが、太宰府では「こぼれ梅」といい、梅干しを作った副産物として生産される。梅干しのシソ、実の崩れたものを混ぜ込んで絞り、天日で乾燥させ、粉末にしたものである。かつては唐臼でつぶしていたが、現在は、今でも製造している八軒の店が同じ日に製粉所の機械で粉状にしている。夏場の労働は骨が折れ、また自家製の梅干しを作る店も減ったため、こぼれ梅も今では貴重品になっている。

戦後、太宰府物産組合で「こぼれ梅」の登録商標をとったが、その説明書きに「此の飛梅粉は神苑の梅実を精製せしものにして温き御飯または白湯に混じて飲む時は其風味佳良なり」とある。キュウリの酢の物やミョウガと混ぜても美味である。

[森弘子]

炭鉱町の文化が残る筑豊

交通・物流の拠点

筑豊といえば石炭、石炭といえば筑豊というくらい、炭鉱のイメージが定着している筑豊。しかし、それと同時に流通・情報・文化の集積地であることはあまり知られていない。

元来、筑前と豊前の両地域にまたがり、水陸交通の要衝、物流の拠点として栄えてきた筑豊。そこに、明治の炭田開発に伴って全国から多くの人が流入し、生活物資の需要が増えた。そういう中で博多や下関、豊前方面など各地から海産物の流通ルートが作られた。

炭鉱が消えて約四十年が経った今でも、福岡の魚市場から走る一号車は筑豊方面に向かうといい、新鮮な海産物、食材が集まってくる。特に飯塚には魚市場、青果市場、商店街の公設市場があり、各地方の名物を揃えた食料品店、慶事の飾りカマボコの店、醤油や味噌の蔵元など、食品や調味料の専門店、業者も多い。往時は割烹料亭、飲食店、喫茶店が軒を並べた歓楽街は、炭鉱経営者、大企業重役の接待などで活況を呈した。一方、労働者向けの大衆食堂や惣菜店も多く生まれた。

炭鉱での労働は、男女の別なく明日をも知れぬ危険な仕事だったため、「せめて食事くらいはおいしいものを食べて心残りがないように」という感情が生まれた。また、「宵越しの金は

飯塚市本町・永楽通りの公設市場

持たない」「女房を質に入れても人におごる」という川筋気質から、豪遊して人をもてなすのが当たり前だった。そういう筑豊特有の気風が、贅を尽くしたうまい物や名店を育て、それがまた人々の舌を肥やした。

さらに江戸の下町の長屋にも似た炭鉱住宅の共同炊事場での調理、石炭やガラ、豆炭に練炭などを燃料にした調理が、独特な食文化を形成した。

捕鯨基地があった北九州地域に近い筑豊には、クジラ食の文化が根強く残っており、クジラ刺しや塩クジラ、クジラベーコン、オバイケ（さらしクジラ）の酢味噌和えなどのクジラ料理が今でも多く食べられている。また、独特の薄味チャンポンや焼きチャンポン（焼きそば）、こってり味の豚骨ラーメン、一銭洋食風の薄いお好み焼きや、タコの入っていないタコ焼きなど、他の地域にはないこだわりの味が多い。

刺身やベーコンなどのクジラ料理
（田川市新町・料亭あをぎり提供）

名物・ホルモン料理

筑豊名物で、炭鉱の食文化の象徴ともいえるホルモン（「トンちゃん」とも呼ばれる）料理は、博多モツ鍋のルーツといわれる。

ホルモンは、「放《ほお》る（捨てる）もん」や生理活性物質「ホルモン」を語源とする説があり、今では牛豚の内臓（料理）の総称として認知されている。戦後、炭鉱労働者のスタミナ食として広まり、あっという間に筑豊全域に定着していったという。以前は、各家を回るホルモン売りや、甕《かめ》に保存したものを計り売りする店もあった。現在では、ホルモン専門店や精肉店で容易に購入でき、家庭でも手軽に楽しめる。

一口にホルモンといっても、牛の大腸・小腸（丸腸）、刺身でも食べるセンマイ（胃）やレバー、ハツ（心臓）、豚の小腸や内臓など、色んな種類がある。調理法としては、熱に強いセメント袋（紙袋）に入れ七輪で炊いたのが始まりらしい。現在は鉄板・鉄鍋で焼き、タレをつけて焼き肉やジンギスカン風（ホルモン焼き）にするか、煮込

すき焼き風のホルモン鍋

みにするか、あるいは鍋にホルモン類と一緒にニラ、キャベツ、モヤシなど野菜をどっさり入れてすき焼き風に味付けし、残ったスープに豆腐やうどん玉、チャンポン玉などを入れて食べるのが主流。そして特においしいのが、ホルモンの煮込みやホルモン鍋の残りをぶっかけて食べるホルモン飯。凝縮されたホルモンの旨味がご飯に染み込み、絶品である。

ホルモン料理は野菜も一緒にとれるので、ヘルシーなイメージで老若男女に幅広く愛されている。最近では行政も、ホルモンを扱う店を集めたホルモンマップなどを作成し、筑豊名物として売り出している。

筑豊に生まれた銘菓

筑豊のもう一つの顔はお菓子。筑豊は京都などと同じく盆地で、気温、湿度などが微妙に作用するお菓子づくりには最適な土地であった。特に長崎街道沿いの宿場町であった飯塚はお菓子の本場。カステラや丸ボーロ、饅頭など、長崎・佐賀方面から伝わった南蛮菓子をアレンジしたものが多いのも特徴である。また、炭鉱で働き疲れた人々の甘いものに対する欲求と、企業間の贈答の風習が菓子文化を根づかせた。

飯塚発祥の菓子である千鳥饅頭、ひよこ饅頭は全国的にも有名。他にも、すくのかめ（須玖式土器をかたどった最中）、末次羊羹、二瀬饅頭や山田饅頭、又兵衛饅頭などの隠れた銘菓も多い。また、直方の成金饅頭、「もち吉」のせんべい、田川の黒ダイヤ、白ダイヤ、チロルチョコなどもよく知られている。

筑豊には、そこに住む人情味あふれる人々と同じく、味わいのある食べ物が各地から多く集まってくる。筑豊の魅力はまさにそこにあり、多くの人のお腹も心も満たしてくれるのである。

［竹川克幸］

食文化の発進地・久留米

多様な食文化圏

筑後平野、筑後川、耳納《みのう》連山に囲まれ、自然の恵みが豊富な久留米。農業に加え、基幹のゴム産業を中心に産業の街として発達してきた。

現在は久留米市を中心に市町村合併も進み、周辺四市二町（久留米市、小郡《おごおり》市、大川市、うきは市、大刀洗《たちあらい》町、大木町）の久留米広域圏としても多様な文化圏を形成している。

久留米には、筑後川のエツやウナギ料理、巨峰、柿などのフルーツ、城島や田主丸《たぬしまる》の酒造業（清酒、焼酎、ワイン）、山汐菜《やましおな》など名物・特産品が多い。また、小郡市のカモ料理、大川市のカマボコや酢、うきは市の浮羽麺、大刀洗町のホウレンソウ、大木町のキノコやアスパラ、ヒシの実などが知られている。

久留米伝統の味

江戸時代、久留米藩の城下町として栄えた久留米には伝統料理が多く残っている。その代表といえば、筑後川流域の名水を使った料理。特に朝妻《あさづま》の名水は有名で、水量は減ったが、今でも老舗旅館や料亭のそうめんやところてん、コイの洗いなどのコイ料理に利用されている。

昔はフナやコイ、ウナギ、ドジョウ、スッポンなどの川魚類をとり、家庭でもよく食べたといい、市内には江戸時代から続くウナギ料理屋もある。また、周辺の山里でウサギ狩りやスズメとりなどを遊興として楽しみ、それを食したというが、現在はその習慣もほとんど見られない。

筑後川流域はカッパ伝説でも知られるが、カッパの大好物であるキュウリ（府中キュウリ）も特産物であったらしい。また七夕には、七夕スイカなる巨大なスイカを食べ、子どもの成長を祝う風習も残る。

久留米を中心とする筑後平野一帯は小麦の生産が盛んで、各家庭では手づくりのうどんを食していた。現在でも筑後一帯にはうどん屋が多く、筑後う

ゴボウ天入りの筑後うどん（久留米商工会議所提供）と久留米ラーメン（久留米市提供）

どん振興会が中心になってブランド化が進められ、「筑後うどん」の愛称で親しまれている。

また、黒砂糖の生産が盛んであったため、ふなやきや黒棒（クロボー）などの小麦と黒砂糖を使った素朴な味のお菓子がおやつとして親しまれた。久留米藩の御用菓子として歴史のある「あわやおこし」も名産品として人気が高い。

そして、意外と知られていないのが馬肉食。馬肉の名産地として有名な熊本同様、馬刺しや馬ホルモンを出す店が久留米周辺には多い。理由は、市内の大橋町に馬の肥育場や畜産処理場があったからで、ルーツは意外と古いらしい。久留米は交通の要衝で、戦前は軍の施設も多く、乗馬用としての馬の需要が多かったこともその要因であろう。

行事食としては、どこの家庭でもよくがめ煮を作る。また、高良《こうら》大社の秋祭りの時などには、カマスを一匹丸ごと使ったカマス鮨が作られた。他にも赤飯やのっぺい汁、ホウレンソウのおひたし、ゴボウ（ごんぼう）やレンコンの煮付けなどが、お籠もりやおくんちなどの行事の際に食された。

ラーメンと高菜漬け

現在の久留米の味といえば、まず思い浮かぶのが久留米ラーメン。豚骨スープの元祖といわれているが、その発祥は市内の屋台や中華料理店などと諸説ある。

当初は今のものとは違い、縮れ麺で茶色っぽい醤油系スープの支那そば風であったらしく、今もその味を守り続けている店もある。現在主流の白濁した豚骨スープは、スープを煮出しすぎたことから誕生したもので、偶然の産物であったらしい。

久留米ラーメンの特徴は、豚骨（特に頭の骨）を長時間煮出した灰白色の

秋祭りの際などには旬のカマスを丸ごと使ったカマス鮨が作られた

濃厚なスープのコクと独特の風味にある。また、多くの店が博多ラーメンより若干太いストレート麺で、具も有明海特産の海苔、シナチク、卵など多様である。スープを継ぎ足していく「呼び戻し」といわれる製法や食堂スタイルの店舗など、昔からのこだわりを持つ店も多い。

ラーメンのお供としては焼き飯や餃子、トッピングには紅ショウガやゴマが定番であるが、筑後地方名産の高菜を使った辛子高菜も外せない。

筑後の高菜（三池高菜）は、野沢菜、広島菜とともに「日本三大漬菜」として知られている。三池高菜は大牟田市の三池山で栽培されていたことから名づけられたもので、旧柳川藩主・立花家が明治期に設立した立花家農事試験場で改良された品種であるという。

炭鉱労働者は坑内で大量の汗を流すので、塩分が不足しがちであった。そんな理由もあって、高菜漬けに唐辛子

青高菜のおにぎりと古漬け高菜の油炒め，古漬けタクアンのイリコ煮。高菜漬けは，ピリッとした青菜の新漬けもおいしいが，一般的には酸味が利いた黄色い古漬けの方が好まれる

焼き鳥（久留米市提供）。久留米六角堂広場での第５回「焼きとり日本一フェスタ」（平成19年）の一コマ。久留米の焼き鳥をアピールし，町興しにつなげようとするイベントで，久留米市内の他，他県からも焼き鳥の名店が集う

やゴマ、イリコやカツオ節などを混ぜた高菜の油炒めは、筑後はもちろん大牟田や筑豊などの旧産炭地でよく食べられたという。

塩分の利いた高菜は、それだけでご飯が進み、まさしく「ご飯の友」である。最近は高菜漬けを混ぜ込んだ高菜チャーハンなども親しまれている。現在、全国一の高菜生産量を誇るみやま市（旧瀬高町。同地のものは瀬高高菜と呼ばれる）を始め、筑後一帯で広く栽培されている。

久留米の新しい顔・焼き鳥

久留米のもう一つの顔が焼き鳥である。最近では、久留米市内の焼き鳥店舗数が人口あたりで全国有数なことが話題となり、広く知られるようになった。

久留米には工場が多く、労働者が仕事の疲れを癒す飲屋街や屋台街が発達し、焼き鳥店が増えていったという。現在では、「ちょっと一杯」的な居酒屋としてだけではなく、食事やデート、打ち上げ、打ち合わせ、持ち帰り（お土産）など様々な目的で、子どもから大人までが気軽に焼き鳥屋を訪れ、その味を楽しんでいる。

久留米の焼き鳥はネタの種類が多く、鶏身や鶏皮、手羽先、砂ズリ、鶏肝（レバー）、軟骨、ボンジリ（尾の身）などに加え、豚バラ、馬・豚のダルム（腸）やセンボコ（大動脈）、スズメなどがある。

現在では、久留米焼き鳥学会によるイベントやラーメンフェスタなども開かれ、大衆食による町興しが進んでいる。また、久留米は「筑後スローフードフェスタ」の拠点ともなっており、今後も、久留米広域圏の伝統料理普及の中心地、新しい食文化の発進地としての役割が期待されている。

［竹川克幸］

掘割が走る水郷・柳川

掘割とウナギ

矢部川と筑後川に挟まれ、有明海に面した柳川は、まさに水郷である。柳川に高い山はなく、山といえば、柳川城天守閣跡の「へそくり山」ぐらいである。

名物の川下りコースに続く城堀の水位の高さは、周辺に広がる穀倉地帯の掘割（水路）の「水」事情を反映する。また、九三〇キロに及ぶという掘割は、有事の際、水門を開けて外敵を混乱させ、侵攻を防ぐ仕掛けにもなっているという。五月雨のたゆたう田は、時に一面の泥海と化すことがある。昔はそこに早乙女たちが、堀と田の境が見えるかのように田を植えていた。

さて、その掘割の柳の下には、たくさんのドジョウやフナが群れをなして泳ぎ、ウナギが潜んでいたであろう。北原白秋の「帰去来」にもうたわれている「ろうげ」（籠飼）とは、この地方でウナギやドジョウ、フナをとる「竹で編んだかご」のことである。殊に「ドジョウろうげ」は小ぶりで可愛い。このような漁具でとれるほど、多くのドジョウやウナギが生息していたのである。

四季折々、恵み豊かな農・水産物を使ったハレの日のご馳走、餅や饅頭の類などの郷土料理は、今の行政区域を越えて共通するものも多く、すでにそ

柳川名物の川下り

ウナギの蒸籠蒸し（柳川市提供）

のルーツが広く知られているものもある。ここでは、名物・ウナギにスポットをあててみよう。

藩の管理下にあったウナギ漁

　ウナギは、昔はどこの河川にもいて、万葉の昔から食べられていた。

「石麻呂にわれもの申す夏痩によしといふものぞ武奈伎《むなぎ》とりめせ」（大伴家持）

　ウナギは消化・吸収のよい脂肪やタンパク質、ビタミンAを豊富に含む。身近な魚でありながらその生態には謎が多く、民間信仰の対象となっている所さえある。最近になってやっと、産卵場は「マリアナ諸島の西方海域」と特定されたらしい。今では天然もののウナギはわずかで、国産の養殖ものが多いという。一時はフランスからの輸入もあったと聞いて、ずいぶんお洒落なウナギだと思ったことがあった。実は、ウナギの市場は世界の小さな町や村とつながっているらしい。イギリスのセヴァン川のウナギ捕りかごは「ろうげ」とよく似ており、親しみが湧く。

　さて、柳川の話である。天然ものでは潮境にいる産卵直前の下りウナギが極上とされ、「星青」と称された。有明海との境にいるウナギは、延縄《はえなわ》かウナギ掻きでつかまえていたそうである。『新柳川明証図会』（柳川市）によると、江戸時代後期、柳川藩領では、ウナギ漁は「猟方」という役所の統制下にあり、漁をするためには「鰻猟札」という鑑札を得る必要があったという。これは、柳川藩がウナギを特産品として重要視していたことを物語る。そして、これを大坂の川魚問屋に売り渡していたことが、全国に知られる端緒となったようだ。

　室町時代の『大草流料理書』によると、当時、竹串や木の枝などをウナギの口から突き刺して丸ごと焼いていた。この姿が蒲の穂に似ていたので「蒲焼き」というようになったという話もある。焼いた後で切り、酒と醤油を混ぜて味付けしたり、サンショウ味噌をつけたりして食べていた。

　享保（一七一六―三六年）の頃の『江戸名所百人一首』に、ウナギを四角く切り揃え、串に刺して団扇《うちわ》で火をあおりながら焼く店の図があり、図中の行灯には「めいぶつ大かばやき」と書かれている。この頃には、今日の蒲焼きに近い調理法だったことが窺える。

蒸籠蒸しの誕生

では、柳川独特の「ウナギの蒸籠《せいろ》蒸し」は、どのようにして生まれたのだろうか。川口昇『うなぎ風物誌』（東京書房社）には次のように書かれている。江戸時代後期、本吉屋（柳川市旭町）の先祖が、刀鍛冶修業のためお江戸上りをした。ところが、何を思ったか、江戸の蒲焼きに興味を持ち、その作り方ともち米を蒸す蒸籠からヒントを得て「蒸籠蒸し」の製法を編み出し、柳川に帰って蒸籠蒸しの店を創立したという。どうりで、柳川のウナギのさばき方は関東流で、背開きである。

中骨をとったウナギに串は刺さず、細い鉄棒が並んだ火床の上にのせて白焼きにした後、タレを両面につけて二、三回焼く。タレは醤油、みりん、酒、砂糖、飴などを合わせ、その中に中骨を入れ煮詰めたものであるが、その割合、味加減が秘伝であるらしく、各店微妙に違う。そして、硬めのご飯にタレをまぶして蒸籠に移し、蒸し釜にのせて蒸す。タレをくぐらせた蒲焼きをご飯の上に敷き詰め、錦糸卵をのせて蒸し上げる。サンショウは使わない、独特の柳川流である。

ウナギは白焼きをワサビ醤油やおろしショウガで食べても美味。おなじみのウ巻きやウざく、肝吸い、骨せんべいの他、笹巻きなども登場している。

地元の人々がウナギをつかまえると、「ジョッて（割く、料理するの意）はいよ」と店に持参していた、のどかな時代もあったという。今では観光客のお目当てでもあり、年間一二〇万匹が消費されている。

「柳川のうなぎめしば食べめしてはいよ」

［平野津代子］

柳川鍋（柳川市提供）。ささがきゴボウを敷き，ドジョウを並べて卵とじにした鍋物で，柳の下にドジョウが泳いでいるさまを表しているという。ウナギの“名声”の陰に隠れてあまり食べられていないが，美味で栄養価も高い

町の味レシピ

水炊き

材料［4人分］

若鶏骨付き肉…………1kg
スープ
　鶏ガラ………600g
　水……2000cc
　塩…ひとつまみ
砂ずり，肝…………各50g
豆腐………1丁
シュンギク…………½束
生シイタケ…………4枚
ハクサイ…¼株
カリフラワー…………150g
ポン酢醤油…………適量
小ネギ（小口切り）………20g
紅葉おろし
　ダイコン………100g
　鷹の爪…………2本

作り方

❶鶏ガラを熱湯で洗い、水を入れて強火で炊きアクをとり、3分の1の量になるまで煮詰めてスープを作る。途中ガラをすりこぎで砕き、スープの中に入れ、白くなるまで煮込んでこす。
❷鶏肉は1個50グラムぐらいにぶつ切りにし、深鍋に入れて2倍くらいの湯を入れ、アクをとりながら強火で25分くらい煮る。火を止めた後30分くらいつけておくと骨離れがよくなる。
❸砂ずり、肝はそぎ切りにして血抜きをし、ゆでて皿に盛る。
❹野菜や豆腐は大きめに切り皿に盛る。
❺食卓用の鍋に②を移し、①のスープと③を加えて煮ながらポン酢醤油をつけて食べる。途中から豆腐や野菜も加えて煮ながら食べる。
＊鍋の後は、餅、うどんなどを入れたり、雑炊にしたりするとおいしい。

イワシの糠味噌炊き

材料［4人分］

イワシ………………500g
A　酒と水……………同量
　（イワシがかぶるくらい）
　砂糖…………大さじ5
　醤油…………½カップ
糠味噌………………150g

かしわ飯

材料［4人分］

白米		3カップ
鶏モモ肉		200g
タケノコ80g（またはゴボウ50g）		
ニンジン		60g
A	だし	100cc
	酒	大さじ1
	醤油	大さじ3
	砂糖	大さじ1
B	Aの残り煮汁＋だし 合計3.6カップ（米の1.2倍）	
	塩	小さじ1

作り方

❶米は炊く1時間前に洗い、水気を切っておく。

❷鶏肉は2センチ幅の薄切り、ニンジン・タケノコは長さ2センチの細切りにする（ゴボウを使う場合は、小さくささがきにして水にさらす。固い時はサッとゆでる）。

❸鍋にAを入れて火にかけ、鶏肉・ニンジン・タケノコの順に入れる。具が煮えたらアミでこし、具と汁に分ける。

❹炊飯器にBと米を入れてよく混ぜる。

❺④の上に具を加えて炊き、10分間蒸らす。好みでもみ海苔やネギの小口切りを盛る。

作り方

❶イワシは頭と内蔵をとり、冷水でよく洗っておく。

❷Aを煮立ててイワシを入れ、沸騰したら火を弱めて煮込み、煮汁が半量になったら糠味噌を入れ、火を弱めてさらに煮含める。

＊サバも同様にして炊ける。

祝部至善「博多明治風俗図」より（福岡市博物館蔵）。左上から時計回りに，おきゅうと売り，あぶってかも売り，あめ湯売り，魚売り，金魚売り，水売り

食の記憶

遺跡と倭人伝に見る古代の食

福岡は米がうまい。新鮮な海の幸、山の幸が多い。おまけに銘酒も揃っている。うまい物づくしの地域として全国的に有名で、毎年、それらを求めて大勢の観光客が福岡を訪れている。

福岡の食文化は、海を北側に迎え、南側に山地が控えるという地形の特徴によるところが大きく、この地に住み続けてきた人々の営みによって形づくられたものである。そこで、ここでは、福岡の食文化のルーツを辿ってみたい。

まずは縄文時代の様子を見てみよう。縄文時代の食生活の復元に欠かせないものが貝塚である。例えば福岡市西区の桑原飛櫛《くわばらひぐし》貝塚では、シカ・イノシシ・アシカ・クジラなどの獣類、マダイ・クロダイ・フグなどの魚類、アサリ・マガキ・ハマグリなどの貝類が出土しており、ずいぶんグルメだった印象を受けるが、基本的に縄文時代の人々は、植物や貝類の採集や動物の狩猟に依拠した生活を送っていたのである。

さて、日本列島で約一万年間続いた狩猟・採集による生活が激変するのが、今から約二五〇〇年前の稲作の導入によってである。基本的に稲作農耕文化の定着をもって弥生時代が始まるとされている。

まず北部九州でも、玄界灘沿岸地域の菜畑《なばたけ》遺跡（唐津市）や板付《いたづけ》遺跡（福岡市）などに稲作が導入された。以後、今日に至るまで日本全国で稲作は続いており、よほど日本人の味覚にマッチした食物だったようだ。また、長期の保存が利くという米の特徴も、人々に広く受け入れられた要因の一つである。

弥生時代というと、平塚川添遺跡（朝倉市）や伊都国や奴国の話が出て

吉野ケ里遺跡歴史公園では，貫頭衣を着て弥生人に扮したボランティアの人が来場者を出迎えてくれる。写真は復元した甕を使って炊いた古代米を竹の容器に盛る様子。甕はススがついて真っ黒であるが，遺跡からもススのついた土器が出土することがある

くる『魏志』倭人伝を思い浮かべる方も多いだろう。この『魏志』倭人伝をひもといてみると、「(一支国《いきこく》では)田を耕せどもなお食するに足らず」とか「倭の水人、好んで沈没して魚蛤をとらえる」などと、当時の日本人の暮らしぶりを数文字単位の文章でうまく表している。

特に注目されるのが対馬国と一支国の項にある「南北市糴《なんぼくしてき》」で、北の朝鮮半島と南の北部九州を往復して交易を行うことを示している。彼らは本来、「良田がなく、海物を食して自活」しており、海を舞台に生活していた人たちが、先に述べた稲作などの外来文化を日本へ伝えるメッセンジャー的役割を果たしていたのである。

また、酒については「人性酒を嗜む」とあり、稲作が導入されて数百年後の北部九州では、酒を造り、まつりの時などにみんなで酒を酌み交わした様子が窺える。このような酒好きのDNAは、今の福岡の人たちに受け継がれているようである。

他にも、『魏志』倭人伝には「(人が亡くなった時には)肉を食わず」ともあることから、普段はイノシシの肉などを食べていたようで、遺跡からは牙などが見つかることも多い。ちなみに「牛・馬・虎・豹・羊・鵲《かささぎ》」はいなかったと記してあるが、最近、壱岐の原《はる》の辻《つじ》遺跡から馬の骨が発見されて話題になっている。

このように、縄文時代・弥生時代の生活様式、つまり、採集・狩猟・農耕の三つの要素がうまくからまりあって、今日の福岡食文化の基礎をなしたといえるだろう。

[平尾和久]

アジア麺ロード

一万年前にメソポタミアで栽培され始めた「コムギ」は、製粉技術を伴ってシルクロードを東漸し、アフガニスタンから中国西域に渡り、前漢(紀元前二〇六—紀元八年)の頃、華北平野に達した。

後漢(二五—二二〇年)の頃の語義に従えば、「麺《めん》(麪)」はコムギ粉そのもののことであり、「細長く加工した食べ物」という意味はない。「麺」を用いた食品は「餅《へい》」と総称されていた。このうち水中で指もみしながら引き伸ばしていく「水引餅《すいいんぺい》」は今日の「手延べ麺」、象棋《しょうぎ》の駒のようにカットしたあと蒸して乾燥させた「棊子《きし》麺」は今日の「乾麺」、手で丸めてだんご状にし、あんを入れた「餛《こん》」は今日の「ワンタン」や「饅頭」の原型である。これらとは別に、水引餅のような「細長い餅」を効率よく作るため、唐（六一八－九〇七年）の頃「切り麺」が誕生した。

早くから日本に伝わったのは手延べ系の「索《さく》麺」だが、祭祀用の域を出なかった。次に伝わったのはおそらく餛の類であろうが、異国の珍しい食べ物に留まったものと思われる。切り麺が普及し始めたのは鎌倉から南北朝時代にかけて（十四世紀中頃）とされている。切り麺でありながら名称は餛由来のものが用いられた。餛は「餛飩《こんとん》」とも称され、これが日本で「ウンドン」と発音されたため、いつしか「餛」の文字は「温」あるいは「饂」に変えられ、読み方も「ウドン」となった。

切り麺を「最初に」もたらしたのは弘法大師（空海）か聖一《しょういち》国師（円爾《えんに》）か、香川と福岡の間にちょっとした論争がある。特異なうどん文化を持つ香川の人たちが郷土の偉人と結びつけたい心情はわかるが、空海は帰国十五年後に満濃《まんのう》池改修のため二カ月ほど帰郷した以外讃岐に行っていないことをどう解釈するのか。筆者は、八〇六年に唐から帰国した空海が大宰府・観世音寺で過ごした二年間にカギがあると想像している。

一二四一年に宋から帰国した円爾は二年間那《な》の津《つ》に滞在し、承天寺を開いて先進文物の普及に努めた。その後移った京都・東福寺に現存する『大宋諸山之図』（国宝）の中の「明州碧山寺水磨様《すいまよう》」は水車製粉プラント設計図であり、製粉技術の発展に寄与したことは疑いない。もたらしたコムギ粉食品は饅頭だったのではないか。

うどんが「日本の食」となったのは江戸時代に入ってからで、水車動力による製粉の普及、塩・醤油・砂糖・みりんなどの調味料の発達、農民・町民の文化力の向上が相まった結果である。爾来四百年、素材そのものを活かすという料理法の伝統と、本源本質を追求するという求道精神とが相まって、うどんはコムギのおいしさの一つの到達点を示した。十六世紀中頃の「そば切り」（切り麺の応用として）や二十世紀初頭の「ラーメン」はその変奏曲といえる。

メソポタミアに発した「アジア麺ロード」は、道中の文化遺伝子を取り込みつつこの列島に到達し、大輪の花を咲かせた。次に生ずるであろう必然は、「アジア麺ロード」を西漸し、「日本の麺文化」を伝えていくことである。

先陣を切っているのはラーメンで、釜山・上海・香港・バンコクで活躍しているが、早晩うどんがこれを追うに違いない。ただし、うどんは国際親和性が未熟であり、これが課題となる。

アジアのゲートウェイ・福岡市にある「ラーメンスタジアム」にアジアの観光客が多い。来るべき時代の予兆と思えてならない。

[奥山忠政]

日本料理の様式

イエズス会のポルトガル人宣教師ロドリゲス（一五六一―一六三四年）は、『日本教会史』の中で、当時日本の宴会料理には四種類あり、第一は三の膳、第二は五の膳、第三は「最も荘重でありいっそう厳粛な」七の膳であると述べている（江馬務他訳注『大航海時代叢書第九　日本教会史』上、岩波書店）。

この三種は、日本における食の様式の基本型とされる「本膳料理」を指している。客の正面に本膳と呼ぶ膳を、そのまわりに二の膳、三の膳、最大で七の膳までを置き、たくさんの料理を一堂に並べる様式で、室町時代、武家の式正《しきしょう》な饗宴において完成された。膳や菜の数により七五三、五三々、五々三などがあり、見た目の立派さが重視された。

福岡藩の御料理人頭・戸川正誠による宝暦十一（一七六一）年の「四條家密書」（福岡県立図書館蔵）には、婚礼における本膳料理の組様上中下が記され、上組様の七五三が図示されている（次ページ参照）。主に魚鳥の塩干物を用いた料理の高盛で、極めて儀礼的な装飾用の膳である。

また、福岡藩主二代・黒田忠之、三代・光之の婚礼の「七つ目表ニテ引替之御膳」では、五の膳の本膳料理が記

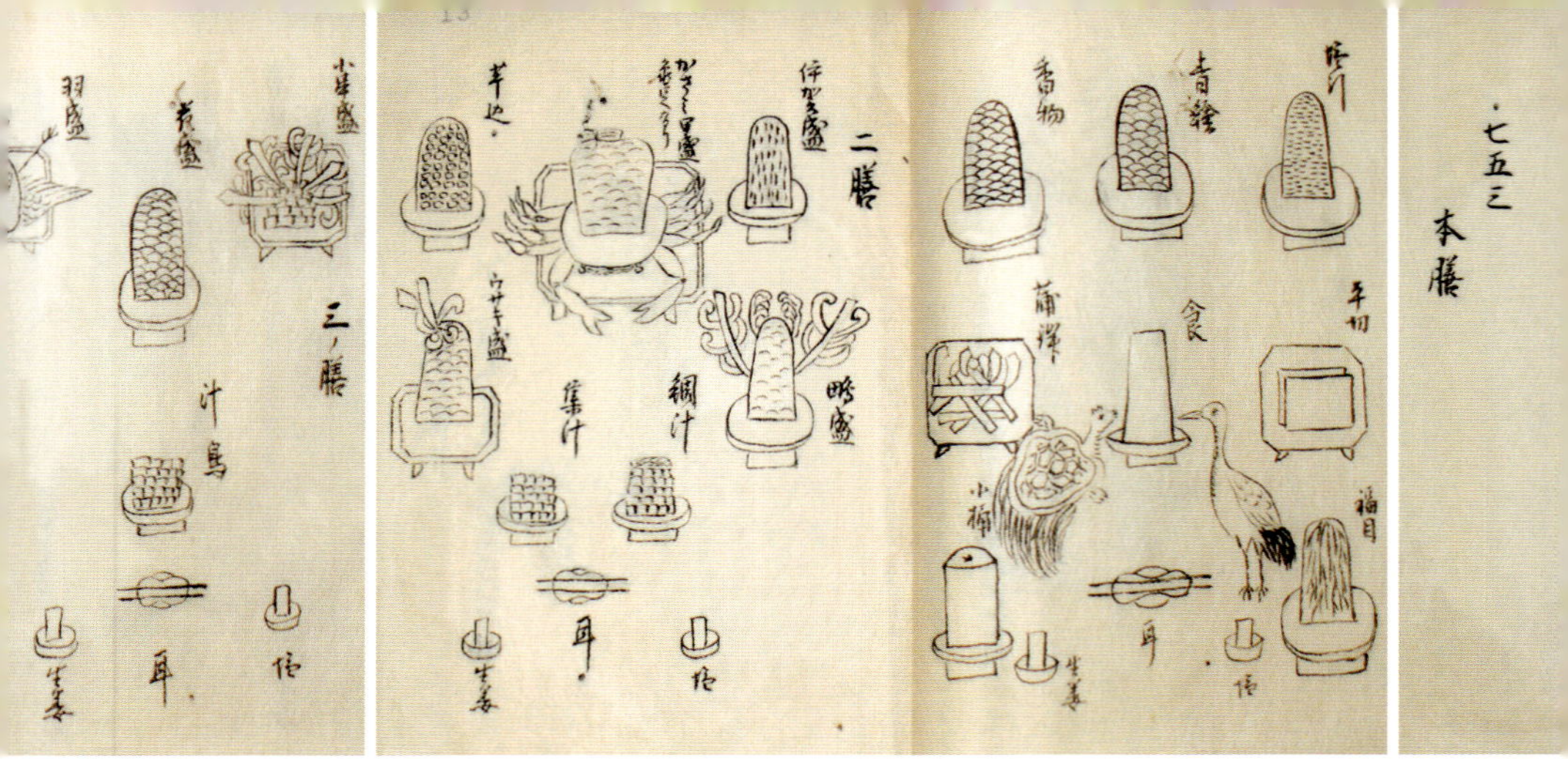

されている。本膳には鶴の汁及び飯に、タイの酒浸《さかびて》など五菜、二の膳にはタイの汁及びタイの杉焼、なますなど五菜、以下五の膳まで五汁十六菜、その後引而《ひきて》、肴、菓子、後段と続いてさらに多くの料理が出されている。なお、この膳部は西川正次らが勤めたことが付記されているが、西川及び筆者の戸川はともに元大坂城の料理人頭で、大坂の陣後、黒田家に雇われたといわれる。諸所に現存する四條流伝書の巻末には、複数の伝受者名の中に両氏の名も連記され、四條流料理人として重要な存在であったと考えられる。

さて、ロドリゲスはさらに第四の料理を、戦国時代に登場した「当世風の宴会」として、「ただ装飾用で見るためだけに出されたものと冷たいものとを棄て去って、その代わりにあたたかくて十分に調理された料理が適当な時に食台に出され、彼らの茶の湯のように質の上で内容を持ったものとなった」と記している。茶の湯とは千利休（一五二二－九一年）によって大成された〝わび茶〟を指している。熊倉功夫氏の『日本料理文化史』（人文書院）によれば、茶の湯でも本膳料理風の華美な饗膳が一般的だった当時、利休は適切な味に調えられた適切な量の料理を順番に供した。「懐石料理」といわれるものである。

筑前博多の豪商・神屋宗湛《そうたん》（一五五一－一六三五年）による『宗湛茶湯日記』（西日本文化協会）の献立日記で、懐石料理の実例を見てみよう。天正十五（一五八七）年五月、九州を統一した豊臣秀吉がその後約一カ月間の博多滞在中、箱崎の松原には秀吉を始め近臣の陣所が建てられた。秀吉や利休、津田宗及《そうぎゅう》らはそれぞれの陣所に茶屋を設け、しばしば茶会を催した。六月十九日の秀吉の茶会では三畳敷きの茶屋に宗湛と嶋井宗室《そうしつ》が招かれ、タイ・ダイコン・ハモにショウガを添えたなま

本膳料理七五三（「四條家密書」部分。福岡県立図書館蔵）。本史料及び関連史料によれば，本膳中央の青鱠は緑青（ろくしょう）で青色に着色した鱠，平切は魚の身を四角に切って盛ったもの，福目はタイのでんぶ，小桶は数の子または海鼠腸（このわた）である。二の膳の集汁とは魚介類の干物に野菜類を取り合わせた汁，中央のかさミ甲盛はカサメというカニで，亀足（きそく）とは手に取るところを紙で包んだ飾りである。伊賀盛は権切（小ハモの素干）をクリのいがのように丸く盛ったもの，芋込（芋籠）は煎海鼠（いりこ）にヤマイモを入れたもの，ウサキ盛は塩ウサギの身を用いる。三の膳中央の花盛は鱶の身を五色に染めたものである。各々の膳に置かれた耳とは，耳のような形をした耳土器で，箸置きの原型である

す、サザエの味噌焼、小鳥・ダイコンのふくさ味噌汁と飯の一汁二菜が出された。利休、宗及らの茶会でも同様に膳一つの料理が出されている。

　その後、本膳料理は実用に向けて簡素化され、庶民の間では「二の膳付」という様式（二汁五菜など）が一般的なもてなし料理として定着し、江戸後期に料理屋で成立する宴席料理である「会席料理」の基盤ともなった。また、季節感やもてなしの心を表現しようとする懐石料理の本領は、現在の日本料理でも重視されている。［橋爪伸子］

福岡藩士の食の記録

食の記録には献立や飲食物の製法などがある。後者には料理人などによる料理書類の他、一般の生活に関する覚書の類がある。それは食べたものの記録とは限らないが、記録者の食に対する関心、その背景にある地域や時代の社会状況などを映す貴重な情報となりうる。

　ここでは幕末の福岡藩士二代による覚書、「萬秘伝書」と「萬菓子作様幷香物漬様薬酒造様之叓」をとりあげ（いずれも福岡県地域史研究所蔵。なお、ご子孫のご要望により筆者名は伏す）、食の記述から見える記録者の視点及びその背景を考えてみたい。

　「萬秘伝書」は屋敷や菜園、道具、衣類などの手入れ、けがや病の民間療法・呪文など生活全般に関する一四三項目で、そのうち七十三項目が飲食物の製法や食器類の手入れなど食関連の事項である。各項目には詳細な手法が記されている他、筆者によるメモも散見される。

　例えばオランダで現在も日常的に食されるパンケーキ「阿蘭陀菓子パンネクック」は、長崎伝来の製法を御構御台所御料理人が伝受される際に同席して見聞したと記されている。

鶏の水炊き風の「阿蘭陀料理ラクサイソッフ」は、仕上げ前に一寸（約三センチ）に切ったそうめんを入れて醤油を落とすという作り方に続けて「あつさりとして風味宜シ」と付記され、自身が試食したことが窺える。また「西洋人食事ノ節相用庖丁研法」や、「西字新聞に庖厨《ほうちゅう》の心得とも成へき種々の事を載せたり」など、筆者が新しい西洋の生活文化に興味を持ち、積極的に体験していたことが推察できる。

この筆者は文政六（一八二三）年に家督を継ぎ、以来約四十年間で六度の江戸駐在、三度の長崎出張を勤めており、そこで得た知見によるものであろう。しかしその一方、養生のためにはまじないや俗信も重視されていたと思われる。例えば喉に魚の骨が刺さった時は、喉の上に小刀で「如是空」の文字を三回書くとすぐに抜けるとある。

一方、「萬菓子作様幷香物漬様薬酒造様之㕝」は、安政五（一八五八）年に書き写された飲食物の製法で、全九十二項目の約四割は、寛永二十（一六四三）年刊の『料理物語』を典拠にしている。他には、例えば十五、六世紀より筑前博多の名酒といわれ、江戸期には福岡藩の時献上だった博多練酒《ねりざけ》や、貝原益軒《かいばらえきけん》が元禄十六（一七〇三）年の『筑前国続風土記』で博多名物と記している玉子そうめん、牛蒡《ごぼう》餅、ひりょうずの製法が記されている。

右：『筑前名所図会』より博多練酒（福岡市博物館蔵）
下右：くわすりの起源と考えられる薬果（韓国ソウル・宮中飲食研究院チファジャ製）
左：「文化八未年朝鮮通信使行列図」（部分。福岡市博物館蔵）

他にも南蛮、中国、朝鮮由来の滋養に富む外来菓子や酒が収録されているが、中でも「くわすり」の製法は本史料以外には確認されていない。これは高麗王朝時代に宮中で発達したとされる油蜜果の一つ「薬果」で、小麦粉・ゴマ油・ハチミツなどで作った生地をゴマ油で揚げて蜜につけた菓子である。日本には十五世紀頃に伝来したと考えられ、朝鮮出兵以前まで信長、秀吉ら為政者の関与する豪華な饗宴や茶会で用いられたが、その後記録から姿を消した。しかし江戸期にも朝鮮通信使の饗応では福岡藩と対馬藩が供していた。

以上、上記の福岡藩士二代による覚書は、西洋の生活文化、滋養に富む飲食物、博多名物などに対する関心に加え、長崎警備や朝鮮通信使接待などに携わる福岡藩において得た情報に基づき記録されたといえる。

［橋爪伸子］

朝鮮通信使のもてなし食

江戸時代、江戸城で国書（信書）を交わすため、隣国の朝鮮王朝から外交使節・朝鮮通信使が計十二回派遣された。一行は三百人から五百人。対馬藩が先導し、沿道の各藩がもてなした。

本土で最初に迎える福岡藩は相《あいの》島（現・糟屋郡新宮町）で接待した。幕府の威信を汚さぬよう、一年前から客館建設、食料・食器の手配など、準備に掛かった。「館所は壮麗で、絹の幔《まん》幕《まく》をはりめぐらし、緋毛氈《ひもうせん》を敷き、寝房、渡り廊下、浴室、厠《かわや》にいたるまで、

菓子

引而（ひきて）

肴膳

三の膳

本膳

二の膳

再現された朝鮮通信使接待料理（新宮町誌別冊『朝鮮通信使来泊時の食』より）

すべて精巧な造り」（第十一次使節書記・金仁謙の『日東壮遊歌』〔高島淑郎訳注、東洋文庫〕）。高官（三使といい、正使・副使・従事官からなる）も驚いた。

饗応膳として、高官には儀式用の「七五三膳」、実際に食べる引き替え膳三汁十五菜が出された。帰路には、賄いのため食材を提供。米、味噌、醤油、酒、酢など一人につき一日あたりの分量が決まっていた。

使節が好む食べ物は何か。事前に対馬藩が調べて各藩に送った。岩国徴古《ちょうこ》館（山口県岩国市）が所蔵する正徳元（一七一一）年の「信使通筋覚書　朝鮮人好物附の写」がそれである。肉として牛、鶏、豚、キジなどが並ぶが、トップは牛肉。魚介類は二十八類で、タイが一位にランクされている。

福岡藩の饗応料理は、それを踏襲しながら、ナマコの乾物、キジ、ウズラ、ウス（クジラの心臓）、サザエの串刺し、博多そうめんなどが膳に盛られた。食事以外にも、毎日、菓子（干菓子七種、餅菓子三種、煮染十三種）が提供された。鶏卵で作った餅（カステラ）は「最上」と喜ばれた。一万を超える食材はダイコン一万三千本、ナス一万三九〇〇個、ミカン三万個など。第九次の使節製述官・申維翰の『海游録』（姜在彦訳注、東洋文庫）には、「一日に、活鶏三百余羽、鶏子（卵）二千余個にのぼり、百物またこれに準じる」「経費の鉅万《きょまん》なること、その国力の富饒なることが知られる」とある。

当時、朝鮮王朝は儒学を国教に据えて、自らを「文の国」とし、日本を「武の国」と評価して見下した。通信使の日本紀行には、朝鮮儒学（朱子学）の色眼鏡で覗いた観察が散見する。しかし、派遣が重なるにつれ、日本は侮れないという思いに至る。

例えば、食材。相島でダイコンを食べた金仁謙は、自国製よりも百倍は優れているといい、「その他の野菜もすべて柔らかく肉厚　土壌が肥沃であることを　これをもって知ることができる」と称賛。出版の盛んなことにも、「我が国に比べて十倍どころではない」（『海游録』）と驚いている。

各藩は、通信使をもてなす饗応料理を競った。福岡藩のそれは、「御馳走一番」と対馬藩主が絶賛した安芸・下《しも》蒲刈《かまがり》（現・広島県呉市）にも遜色のない豪華さだった。新鮮な魚料理を提供するため、備後国田島の漁師を招いて生け簀の技術を指導してもらった一件からも理解できよう。

［嶋村初吉］

文人・旅人の食

福岡は、諸街道の交差路であり、行き交う旅人も多かった。特に、江戸時代の紀行文には福岡の通過記事が多く出てくる。その中からいくつか食に関する記事を拾い出してみよう。

洋画家で蘭学者の司馬江漢《しばこうかん》は『西遊日記』の中で、福岡・博多の食文化や諸風俗を紹介している。天明九（一七八九）年一月十二日、唐津街道から福岡城下を経て博多の町に入った。そこで江漢は、「博多の町人が橙《だいだい》を家ごとに植えて酢に用いている」ことや、「松林の祭り（松囃子《まつばやし》、今のどんたく）の際、家々練酒を造り祝っていて、福人の造り物として踊屋台がある」ことを伝えている。練酒とは博多練酒のことで、みりんのもとになったという。

博多を出発し、唐津街道の宿場・畦《あぜ》

司馬江漢の『西遊日記』にも登場する「玉子ふわふわ」。調理法については諸説あるが，その1つを紹介する。酒，塩，砂糖，だしで味付けした卵液（卵1にだし3の割合）を鍋に入れ，ゆっくりかき混ぜながら弱火で加熱する。3分程度でフワフワの状態となる。味は茶碗蒸しに近いが，卵のフワフワ感と甘味がよい

町（現・福津市）で宿泊した江漢は、「土瓶に入れた茶に、茶受けの香物として、味噌漬け、沢庵漬け、菜漬けなど漬け物の盛り合わせが出た。夕食には、山間の宿場なので魚は一向にないが、玉子フハフハ（ふわふわ）が出た」と記している。「玉子ふわふわ」とは当時の人気料理である。

また、ドイツ人医師シーボルトは『江戸参府紀行』の中で、小倉の市場の野ガモ、フクロウ、鶴、ハマグリ、マテガイなど、食材の豊富さに感嘆している。江戸時代、筑前には鶴が多くいたようで、司馬江漢など他の旅行者もその点は記述している。天皇家や将軍家の献上物であったため猟は制限されていたが、長寿の縁起物、正月料理や宴会用の食材として需要は多かったようである。調理法はたいてい吸い物で、肉は煮て食べたようで、味は魚の脂に似て大変美味だったとシーボルトは記している。

他にもシーボルトは、「日本人はクジラを内臓やヒゲ、鯨油に至るまで無駄なく活用し、日本人の好物である塩クジラやクジラの脂身は大変美味である」と記しており、日本の食文化を博物学の視点からよく分析している。

長崎海軍伝習所の教師としてオランダから来日したファン・カッテンディーケは『滞日日記抄』の中で、博多滞在の際、藩侯（黒田斉溥《なりひろ》）との会見時に出された料理として、「鶴、家鴨《あひる》の焙り肉、鯛の薄肉、しび（マグロ）の刺身」などを記している。特に生の刺身には驚嘆したようで、「我々は非常に空腹だったので食べてみたが別条はなかった」と述べている。

ただ、幕府の役人として長崎奉行所へ赴任した大田南畝《なんぽ》（蜀山人《しょくさんじん》）はお気に召さなかったようで、『小春紀行』の中で「九州の中で肥前や豊前小倉はいいが、筑前の食は一応にまずい」と厳しい評価を下している。［竹川克幸］

福岡食風土記

福岡県には多くの名物・特産品がある。しかし、そのルーツなどは意外と知られていない。また、今はもう食べられなくなってしまったものも多い。ここでは昔の記録をもとに、食の記憶を掘り起こしてみたい。

一般には、古くは『倭妙類聚抄《わみょうるいじゅうしょう》』、江戸時代だと『守貞漫稿』や『和漢三才図会』などの資料がしばしば引用される。福岡にも貴重な食の資料があり、中でも貝原益軒の博物学・地誌の著作が頻繁に引用される。例えば、『養生訓』『筑前国続風土記』『大和本草』『菜譜』『花譜』などである。他にも、『筑前国産物帳』や『筑前国産物絵図帳』、宮崎安貞《やすさだ》『農業全書』、貝原好古《よしふる》『日本歳時記』、明治期の『福岡県地理全誌』などの記録があり、そこに記された食材や名産品から、福岡の食文化、食の由来を辿ることができる。

貝原益軒はトマトを「唐柿」（当初は観賞用で食用は明治以降）、ホウレンソウを「浜藜《あかざ》」、キャベツ（類）を「紅夷菘《オランダナ》」と記している。キュウリ（胡瓜）については、「是瓜類の下品なり、味よろしからず」と酷評しており、宮崎安貞もほぼ同様の評価である。博多山笠のキュウリ断ちの風習と何か関係があるのだろうか。

またゴボウやタンポポなどの旬の野菜や野草についても、食材や救荒食としての調理法、薬効などについて詳述

『筑前国産物絵図帳』よりラッキョウ（左）とシカナ（山ウド）の図（元文3〔1738〕年。福岡県立図書館蔵）。幕府の命により提出された産物帳の控え。菜類，瓜類，菌類，魚類，貝類，獣類などの項目ごとに，色彩豊かに描かれている。江戸時代中期の筑前国の産物を知ることができる貴重な資料

している。江戸時代は飢饉が多かったので、食材開発も盛んであったと思われる。

江戸時代の福岡の農産物を見てみると、全域で米、麦、イモ類、豆類、菜種、クリ、そばなどが栽培されている。筑前米、筑紫米は大坂市場の米価の基準にされるなど高い評価を得ていた。地域別に見ると、筑前国（福岡藩領域）ではダイコン、ナス、ショウガ、トウガンなどが、筑後国（主に久留米藩・柳川藩領域）ではダイコン、ニンジン、ゴボウ、レンコン、キュウリ、スイカなどが多く作られていた。

海産物としては、有明海の珍しい魚類を始め、ブリ、時魚（ヒラ）、ワカメ、おきゅうと草（エゴノリ）、ところてん草、シジミ、アサリ、アワビなどが挙げられている。他に茶や酒、塩、砂糖（黒糖）などの生産も多かった。また、名産品としては、内野葛、博多そうめんなどが挙げられている。

今はあまり見られない食材としては、松露《しょうろ》（松露饅頭のモデル）、マツタケ、梅に似た木の実の揚梅《ゆすらうめ》、柑橘類のクネンボなどが記されている。また以前は、キジやシギなど野鳥から、ウサギ、カエル、桑の実やアケビなどの木の実、ヨモギやセリなどの野草、そして「道草をくう」の言葉どおり道草に至るまで、様々な自然の食材を食べていた。また、福岡市東区の箱崎がかつて野菜の生産地（三大蔬菜生産地）、カキや海苔の生産地、漁港として名を馳せたことなどは、意外と知られていない。このように消えてしまった、消えようとしている食材、食文化は多い。

今や福岡は新鮮な山海の幸が揃う食の都、美食の街として知られ、様々な名物、郷土料理も残っている。しかし今の食をとりまく状況を見ると、いつ人々の記憶から忘れ去られ、幻の味になるとも知れない。いつまでも大切な食遺産として伝え残していきたい、語り継いでいきたいと思う。

そのためにも、あくまでも調査・取材と称しておいしいものを食べ続ける、この食道楽の日々を当分抜け出せそうにはない。

［竹川克幸］

江戸料理本に見る食

料理について記した文献は江戸時代以前から見られるが、それらは、料理を作る際の決まりごと（いわゆる故実）についてまとめた記録であり、料理の内容そのものについて詳しく記述したものでは大方なかった。江戸時代に入って、刊本（出版物）のかたちで出された初めての文献『料理物語』は、そうした先行の諸文献の常識を打ち破るものであった。

初板刊年は、寛永二十（一六四三）年であるらしいが、記載されている具材にはゴイサギやクイナなどの水鳥、狸や川うそ、あるいは犬・熊といった多彩なものがあり、当時の日本人の食習慣の拘《こだわ》らなさが見えて興味深い。

『料理物語』以後の江戸時代の料理書は、刊行時期にしたがって三分されるようであるが、数も多く内容も多彩で、今日から見ても興味をそそられるものが少なくない。

第一期は、寛文から元禄（十七世紀後半－十八世紀初頭）とされ、『江戸料理集』『料理献立集』『合類日用料理指南抄』『茶之湯献立指南』『和漢精進料理抄』『南蛮料理書』『料理塩梅集』

江戸時代の料理本『料理通』（左）と『精進料理献立集』（２点ともに臨川書店発行の複製本『江戸時代料理本集成　資料篇』第１帙）。『料理通』（八百善主人著）は４編４冊で，文政５（1822）－天保６（1835）年に刊行。八百善は当時の江戸を代表する料理屋で，同書には大田南畝や渡辺華山らが書画を寄せている。『精進料理献立集』（山音亭〔越吉郎兵衛〕著）は２編２冊で，文政２－７年に刊行。編末の書目（宣伝文）には「初編にもれたる精進の献立いろいろ風流なる面白（おもしろき）又ハ二三の膳部の献立しろとさいくに出来やすく平かなに認める書なり」とあり，文字通り精進献立の色々を解説したものである

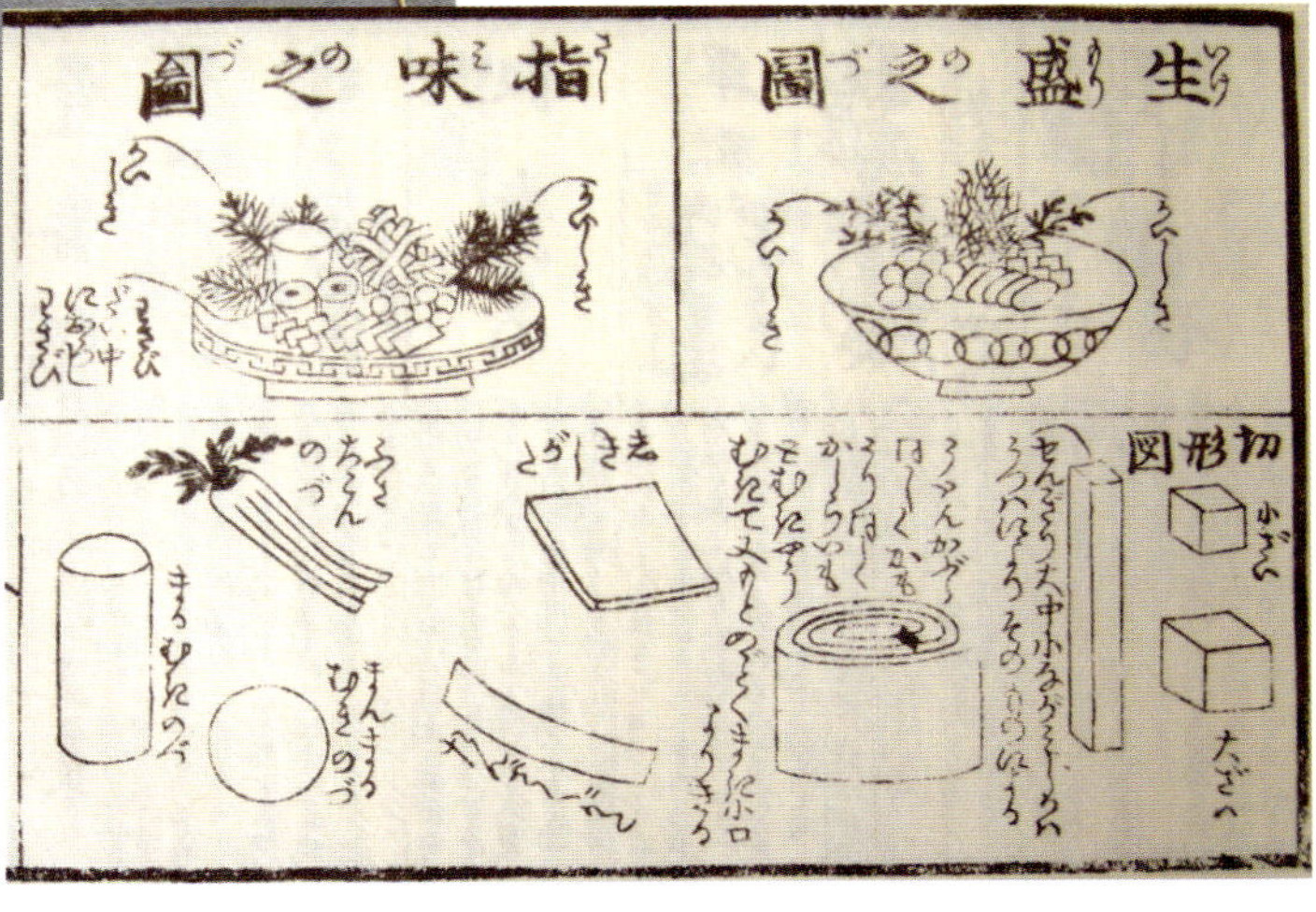

などが刊行されたという。一般的料理の作り方を集成したものから、茶会席の料理書、精進料理の書、南蛮渡来の料理と見られるものを記載する書など、はなはだ多彩である。

　第二期は、宝暦から明和（十八世紀後半）とその前後のようで、『料理歌仙の組糸』『料理山海郷』『八僊卓燕式記《はっせんたくえんしき》』『新撰会席しっぽく趣向帳』『普茶料理抄』『卓子式《しっぽくしき》』などが刊行されたという。この時期のものには、中国趣味のものが目立つようである。この他に、安永五（一七七六）年刊の曾谷学《そたにがく》川《せん》の手になる『豆腐百珍』があり、豆腐を具材として百種の珍しい料理法を紹介している。この書は大変に流行し、影響を受けて、タイ・ダイコン・コンニャク・甘藷・海鰻（ハモ）などをとりあげて続々刊行された〝百珍もの〟のさきがけとなった。

　第三期は、享和から天保（十九世紀前半）頃で、第二期に発達を見せた料理屋・料亭向けのものと、一方ようやく識字層に組み込まれるようになった庶民向けのものとが、それぞれ享受層を異にして刊行されたようである。『料理早指南』『素人包丁』『精進料理献立集』『料理調菜四季献立集』『料理通』『四季漬物塩嘉言』『年中番菜録』といった諸書が出板された。また、クジラの料理法を取り扱った『鯨肉調味方』といった珍しい書も出された。『料理通』には大田南畝や谷文晁・渡辺華山などの文化・文政期を代表する文人が多く書画を寄せており、著名な料亭をめぐって文化的な交遊の集いがあったことが知られる。末二書は、庶民向けの手近な実用書である。

　これらのことについては、従来、日本近世文学の研究者らにより研究が行われてきたところであり、中村幸彦、中野三敏、平田萬里遠など各氏の研究が知られる。また、京都の臨川書店からは、吉井始子氏監修になる『江戸時代料理本集成』（複製集）が刊行されている。大部のものであり、所蔵する図書館も限られているようであるが、非常に参考になる。

［崎村弘文］

貝原益軒と食

日本における予防医学の先駆者――。それが福岡藩の儒学者・貝原益軒（一六三〇－一七一四年）である。彼の代表作の一つ『養生訓』を読むと、八十四歳まで長命した体験主義の立場から教訓的な文を綴り、それを一部、中国

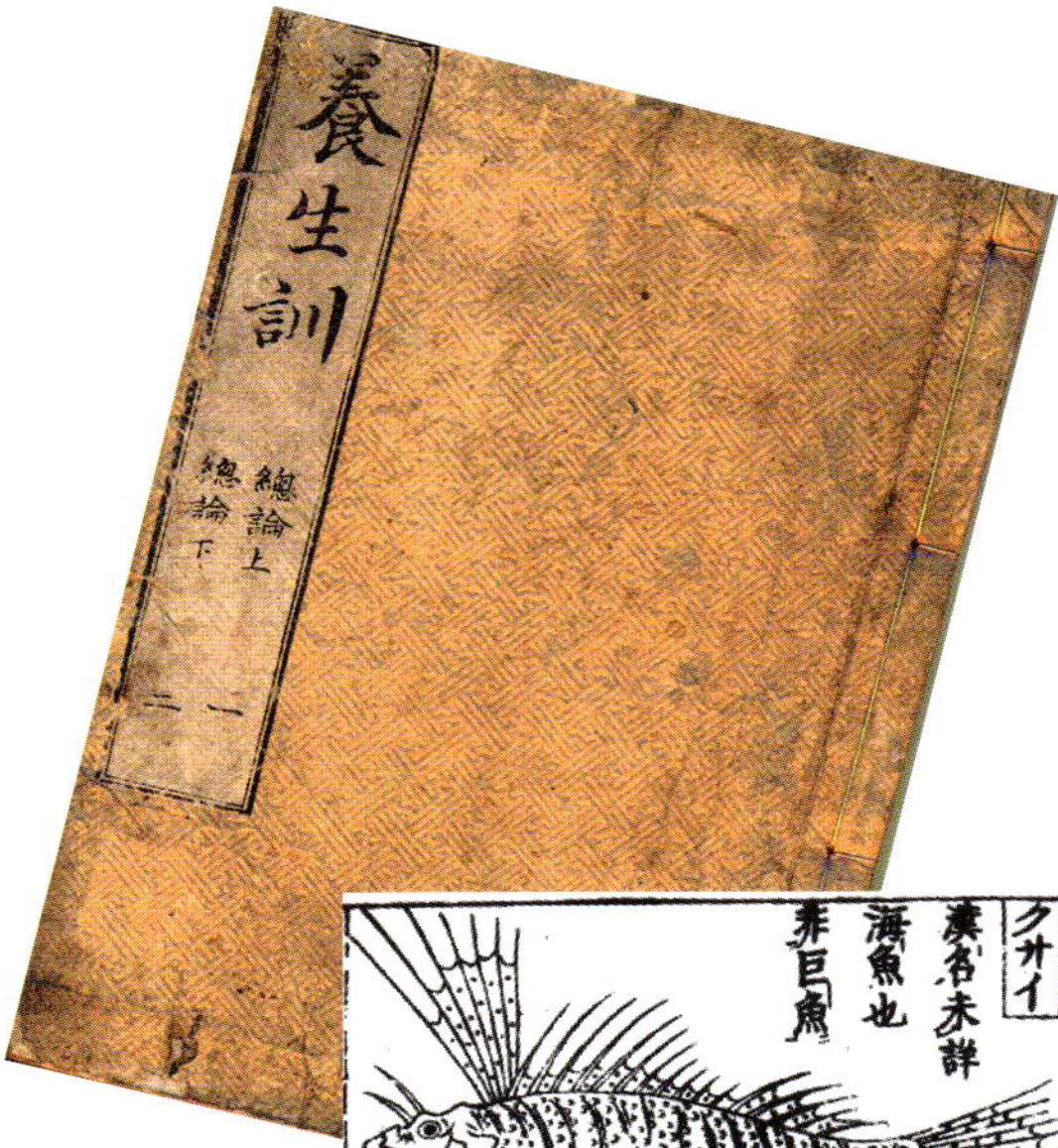

左：文化九年版『養生訓』（中村学園大学・三成由美教授蔵，中村学園大学図書館提供）

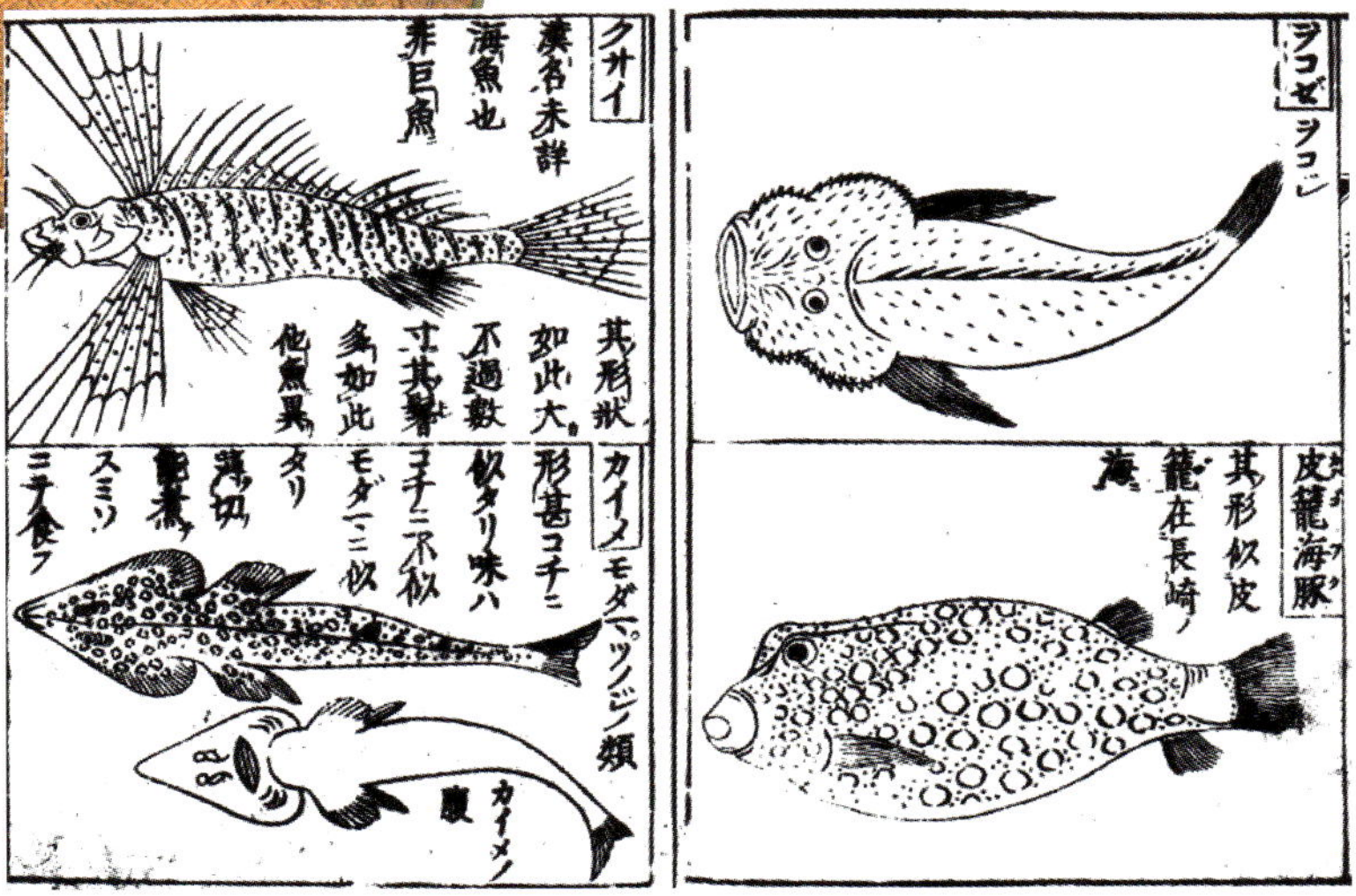

下：『大和本草』より魚類の図（九州大学附属図書館蔵，中村学園大学図書館提供）。益軒80歳の時の著作で，薬用の植物，動物から農産物，雑草まで1362種を収載，2巻の付録と２巻の図譜を合わせると全20巻に及ぶ。写真は図譜からのもので，右上から時計回りに，ヲコゼ（オニオコゼ），皮籠海豚（ハコフグ），カイメ（コモンサカタザメ），クサイ（ミノカサゴ）

の文献でも裏付けている。

養生訓とは「内欲をがまんすることを根本」とし、「天寿を長く保つ」「人生を楽しむ」ための術である。人はともすれば欲望に突き動かされ、快楽にふけるが、その分、後で大なり小なり負荷（ダメージ）を被る。益軒は「聖人は未病を治す」という言葉を引いて、用心すれば病気になることを防げるといい、それを日常生活にあてはめて『養生訓』にまとめた。

飲食は『養生訓』の中で大きな位置を占める。益軒は特に食べ過ぎを諫める。飲食で重要なのは、控え目。「ひかえて、七、八分目にして、もうちょっと足りないと思う時に早くやめるがよい」と説く。彼がそういうのは、自制しないと禍が及ぶからだ。昔、中国に「食医」という官があった。「食養生によって百病を治した」という。飲食の部には日常生活の細々とした事例が挙げられ、医者であった父親から学んだ知恵も散見する。

四十年間勤めた藩の御用学者の雑務から解放され、益軒は自らの研究と執筆を楽しむためには養生が必要と考えた。結果、七十一歳から多くの代表作が生まれた。

益軒が考える、体にいいもの、養分になるものとは何か。彼はいう。「みな新しい生気のあるものを食べるがいい」「きれいなもの・こうばしいもの・もろくやわらかいもの・味の軽いもの・性のよいもの、この五つのものを好んで食べるがよい」。これは中国、朝鮮と異なる日本の風土、食習慣、日本人の体質などを考慮してのこと。当時、「日本人は外国人より体質が弱い」と益軒は洞察した。

益軒の周辺には、欲望のおもむくままに走って、寿命を縮めた人が少なからずいたのであろう。『養生訓』から暴飲暴食の害、偏食の害、酒乱の害などが読みとれる。「飲食と性欲は人の大欲である。つい抑えられなくなるから、この二事はもっともかたく慎まねばならぬ」と益軒は戒める。

「常に病想を作《な》す」「安閑の時、常に病苦の時を思え」。無病の時に苦痛を想像して内欲を抑えた益軒は、身に即して生活を楽しんだ。人間の楽しみは何か。彼は三つ挙げる。「道を行って善を楽しむ」「病気がなく気持ちよく楽しむ」「長生きしてながく楽しむ」。このために益軒は養生の術を自らに課した。予防医学の先駆者といわれる理由はここにある。

晩年、益軒が書いた著作は読みやすく啓蒙的な色彩が濃厚だが、八十四歳の時の著作『慎思録』『大疑録』を読むと、朱子学体系に疑問を投げかけている。学問への問いを続けてやまなかった。それも、道徳を高めることに主眼があった。益軒にとって学問とはそのようなものだった。

＊カギカッコ内の現代文は、松田道雄責任編集『日本の名著十四　貝原益軒』（中央公論社）からの引用。

［嶋村初吉］

食を通して人を創る

頭脳明晰、努力実行型の中村ハル先生は、明治三十五（一九〇二）年、数え十九歳で福岡県立師範学校を首席で卒業。以後、小学校教師を振り出しに、高等女学校家庭科教諭など、教育の道七十年を歩まれることになる。

先生を本格的な料理研究の道に駆り立てたのは、十二年間にも及ぶ闘病生活を送った最愛の弟・関次郎さんの死であった。

心機一転、郷里・福岡をあとに、文明開化の香り高い横浜・神戸に旅立ち、八年間を過ごしておられる。そこでは、「食物と栄養」「調理技術」を徹底的に研究しようとの一念に燃え、昼間は生徒の指導に全力投球、夕方六時以降や日曜日には東京に出かけ、先生の食物研究五十年の道のりが始まるのである。

東京での料理修業は、洋食は帝国ホテル、中華は雅敍園、人気のある浅草観音近くの寿司屋と、一流のホテルや有名な料理店へ行かれた。カレーライスはインドの独立運動家ビハリ・ボースよりの直伝。神戸でも、和・洋・中の専門店に足を運び、研究を続けられた。

当時は料理の本や参考書も少なく、現場でその技と味をぬすみとるしかない時代だった。

幾度となく門前払いにあいながらも、

約1000人が参加した中村ハル先生米寿の祝賀会で，開会の挨拶をした著者とともに（昭和46年，西鉄グランドホテル）。この年の9月に先生は急逝された

「私は学校の家庭科の教師です。商売をするのではありません。先生として本物の料理、技術を自ら習得し、生徒の指導に役立てたいのです」と、ノートと鉛筆を手に懇願する先生。その料理研究への執念と情熱に根負けした料理長は、惜しげもなくその極意を伝授して下さったという。

横浜・神戸時代は兵庫県視学委員を務めたり、『学校を生活の場とする家事教育』を執筆されたりと、「一生の中で最も充実感を持って生きた花の時代だった」と回想録の中で語っておられる。

昭和五（一九三〇）年、郷里に戻られた先生は、九州高等女学校の家庭科教諭として十七年間勤務された。学校が経営の危機に直面した時は、食品バザーを開き、その収益金で新校舎が建つこともあった。献身的なお姿は、当時生徒だった私の頭に今も鮮明に刻まれている。

民主主義の幕開けとともに九州高女を退職された先生は、昭和二十四年、唐人町の公会堂を仮校舎として「中村割烹女学院」を創設された。六十四歳からの新たな挑戦である。

「日本は新しく生まれ変わらねばならない」。これが先生の持論であった。世界の料理を学び、日本人の口に合った料理を食べれば、大きく強い日本人が育つとの信念に燃えておられた。自ら学びとった料理哲学を核として、次々に中村式の最新料理法を編み出された。鶏の腸をベースにしただしを用いる中村式カレーライス、博多の正月料理に欠かせない富士羹、また中村式美術寿司や、栄養満点、安くておいしい家庭料理……。

八十歳を超えても大学の調理台に立ち、未来の栄養士に向かって理論と実践の融合、愛ある美味なる料理の創造を自ら示した先生は、昭和四十六年九月、生涯を閉じられた。

戦後六十余年、飽食の時代を迎えた今、食を取り巻く新たな問題が続出している。現代の乱れた食意識・行動に危機感を持った政府は、平成十七年、食育基本法を制定した。

人々の営みの原点に「食」があることを、先生の生き方を通して今一度しっかりと思い起こし、未来に託した先生の思いを受けとめ、継承したい。

［楠喜久枝］

食と言葉

医食同源ならぬ「言食同源」。博多の食の知恵を諺や言い伝えで見てみよう。

「赤ご飯にお茶かけすると中気《ちゅうき》になる」

全国的には「小豆《あずき》ご飯をお茶漬けすると嫁入りの日は雨が降る」で、どちらも縁起物の赤飯や小豆ご飯をゆっくり食さず、お茶漬けで食べる不作法を戒めている。

食べ合わせの諺は、全国各地にご当地ものとしてあるが、「ふくとぜんざいは腹のせく」は、博多の代表的なもの。「ふく」（フグ）も「ぜんざい」も一度に食すのは贅沢三昧というもの。やっかみからか、食べ合わせの悪いものとして使われている。

「初ものを食べるときゃ西向いて笑え」

笑う門に福（長寿）来るの心意。神に感謝して初ものをいただく心性が延命長寿につながる。初ものを食べると

ぽっぽ膳（スタジオ・サムシング提供）

七十五日長生きする、と一般的にはいう。初ものは、まさに神からのいただきものである。

遠慮して食事に箸をつけない客に対しては「おなますの冷える」といって勧める。なますはもともと冷たい料理。それが冷えるというところに妙味がある。酒杯の場合は「ほうぷり（ボウフラ）の湧きますばい」という。

「お茶飲まずに外に出たら犬が吠える」

遊び盛りの子どもたちが、遊びたくてしようがなく、落ち着きのない時の躾《しつけ》の言葉である。

お茶には健康に関するものが多い。「朝茶は七里帰っても飲め」。朝にお茶を飲んでいないことに気づいたら、たとえ七里の道のりでも、お茶を飲みに戻ったほうがよい、ということである。昔の人は、朝茶は祈禱を受けたのにも値すると考えていた。神仏にもお茶を供えるほどにその価値を認めていて、朝茶を飲むとその日の難逃れになると信じられていた。その類の博多の諺は「味噌豆は三里戻っても食べよ」がある。

「着物質に入れても、味噌は煮ておけ」

どんなに生活が困窮していても味噌だけは確保しておくべきだということで、古来から私たちにとっていかに味噌が大切なものであるかを物語る言葉である。

また、食の贈答の風習で、重箱で餅や饅頭、赤飯などを贈ったが、そのお返しを「おうつり」（柳川地方では「いれぞめ」）という。紙、付木《つけぎ》（つけだけ）、マッチなどを重箱に入れて返した。

魚を贈られた時は特別で、おうつりには塩を紙にひねり包んで入れて、お返しをした。そのお使いは子どもが担った。今は、そのような風習もなくなってしまって寂しい。

博多では、子どもが三歳になると、吉日を選び、「お膳すわり」という祝儀をした。「ぽっぽ膳」（杉の曲げ物で、三宝の形に似た高脚の膳。白木の角膳に松竹梅の絵が描かれている）に、外側が黒、内側が朱塗りの小さなお椀に小豆ご飯、なますを盛り、尾頭付きで祝った。ぽっぽ膳を前に、一人前に箸を使って食した。または「紐解き祝い」ともいい、この日から幼児用に着物に縫いつけた細紐を、帯に替えた。

「ぽっぽ」というのは、鶴の幼児語だろう。

[西表宏]

洋食浪漫

喫茶店とハイカラ文化

ハンバーグ、コロッケ、オムライス、スパゲッティナポリタンやピザ、モーニングセット、お子様ランチ……。私はすべて喫茶店で覚えた。

豪華な西洋料理とは一味違う、どこか庶民的な香りのする日本の洋食。ソース、ケチャップ、マヨネーズなど洋風の味付けがいつの間にか日本の食文化に溶け込んでいる。

その源流を辿れば、明治初期の文明開化に始まった西洋化が、大正から昭和初期にかけて庶民に広まったことに突きあたる。その中でも喫茶店が洋食導入に果たした役割は大きいと思う。

その昔、十二世紀に栄西が日本に茶を持ち帰って以降、喫茶の文化、飲茶の習慣が広まった。江戸時代には街道沿いに茶屋（水茶屋）と呼ばれる旅の休憩施設ができ、飲食店へ発展した。

中世以来の喫茶や近世の茶店の文化に、西洋からのコーヒーハウスやカフェ文化が融合し、日本独自の喫茶店文化が生まれたのではなかろうか。

江戸時代の長崎を通じた文化交流も見逃せない。太宰府天満宮の社務日誌に長崎人のコーヒーが奉納された記録がある。「紅毛コヒイ一包、これは豆にて製する、紅毛人の煎茶のようである」と書かれている。

またシーボルトは、「日本人はコーヒー好きであるが、正しい飲み方を知らないので、コーヒーを飲む小さい悪習をきちんと教え、コーヒーを長寿に効く保健薬・健康食品として推奨すべきである」という珈琲販売論を『江戸参府紀行』の中で展開している。

明治十三（一八八〇）年の「福岡日日新聞」の広告（広告主は書籍兼薬局五樂堂の主人・藤井孫次郎）には、「コウヒ糖は消化を第一とするゆえ、

昭和10年頃のカフェ・ブラジレイロ（福岡市博多区店屋町・ブラジレイロ提供）

西洋各国では食後に必ずコウヒを飲み、こなれをよくするを養生の第一とする」とある。昨今の加熱する健康食ブームでも痛感するのだが、不老長寿、健康という謳い文句にどうも日本人は弱いらしい。

　大正二（一九一三）年、福岡で最初の喫茶店「カフェー・キリン」が登場した後、本格的な珈琲店「カフェー・ブラジル」が大正九年に開店。

　同年、福岡で開かれた工業博覧会では福岡婦人会が中心となった「おひな茶屋」（奥様茶屋）という喫茶店でドーナツなどの洋菓子が出され、人気を博したという。婦人会の一人で、伊藤伝右衛門の妻・柳原白蓮もパン食で、パンとバターをわざわざ門司まで買いにいかせていたという逸話が残されている。

　その後、酒場化が進み、中洲には酒と女性を看板にしたカフェが氾濫するようになった。昭和九（一九三四）年には、ブラジル・サンパウロ州のコーヒー局の後ろ盾もあって、那珂川沿いに本格的珈琲店「カフェ・ブラジレイロ」が誕生。福岡で一番早くクリスマスパーティを催したり、洋食を提供するなど、モダンでハイカラな雰囲気が文化人の心をとらえ、人気を博した。作家・夢野久作はカフェ・ブラジレイロに通い、パンと紅茶、イチゴの朝食を好んだというし、他にも「九州文学」の原田種夫、火野葦平ら著名な文学者のたまり場であったという。

　戦後、高度経済成長を経てさらに欧米化が進み、日本人の食生活のスタイルは大きく変わった。大正から昭和にかけて、高度経済成長期のファストフードとは異なる、文化の香りのする味「洋食」が福岡に広まった背景には、異国情緒が漂う長崎に近く、常に新しいものを好み、流行の最先端を行く「あきやすのすきやす」の気質があったのではないだろうか。［竹川克幸］

福岡市東区の箱崎商店街

食のスタイル

行事と食

正月や節句、祭りなど、連綿と受け継がれてきた年中行事。四季折々、ハレの日を飾る料理には、先人たちの知恵や願いが込められている。

▲おせち料理（スタジオ・サムシング提供）。おせち（御節）とは，年中行事の中で重要な節目（節句）の際のお供え物に由来する。数の子（子孫繁栄），黒豆（黒は魔除けの色，マメに働けるように），ごまめ（田作り。イワシを干したもの。豊作），コンブ巻き（よろこぶ），タイ（めでたい）など縁起がよい食べ物を重箱に入れて出した。また正月に火を使わないですむよう，それぞれが日持ちするように工夫されている

▼各地方の雑煮（スタジオ・サムシング提供）。大晦日から年神様に餅や野菜などをお供えし，元旦の朝にそのお下がりを煮たのが始まりという。具や味付け，餅の形は地域によって様々である。例えば博多では，だしは焼きアゴ（トビウオ）や焼きハゼ，具はブリやアラなどの魚，カマボコやシイタケ，カツオ菜などである。他の地域ではイリコやコンブでだしをとるのが一般的で，シイタケや鶏を使う所もある

博多

北九州

▲お膳料理（スタジオ・サムシング提供）。大晦日か元日の朝，年取り魚（尾頭付きのイワシもしくはクジラなど），祝い魚（ブリ），なます，煮しめ（がめ煮）などがお膳で出された。年越しなら長生きするようにそばとともに，年迎えならおとそや雑煮とともにいただく。写真は朝倉市秋月の旧家のお膳料理

◀栗配（くりはい）箸（スタジオ・サムシング提供）。栗の小枝の両端を削り，中心部の皮を残したもの。「家計のやりくりがうまくいくように」との願いが込められている

筑後

筑豊

▶福岡市東区志賀島の七草汁（スタジオ・サムシング提供）。1月7日の人日（じんじつ）の節句（中国の風習で，1年で最初に人を占う日）に，無病息災を祈り，若菜摘みした春の七草（セリ，ホトケノザ，ハコベラ，スズナ，スズシロ，ゴキョウ，ナズナ）を入れた粥や汁を食べる。中国で7種の菜を入れた羹（あつもの。吸い物のこと）を食べていたことに由来する。この日は正月行事の終わりの節目で，今では正月で疲れた胃腸を休める意味もある

◀筑紫野市・筑紫神社の粥卜（かゆうら，粥占）神事（筑紫野市歴史博物館提供）。粥を1カ月程度置いておき，カビの生え具合でその年の天候，災害や作物の豊凶などを占う。通例小正月（旧暦の1月15日頃）から行われる。県内では，筑前・筑後・豊前・肥前の4つの国を占う同社の他に，飯盛神社（福岡市西区）や朝倉地方の神社などでも行われている

▶ちらし寿司。ハレの日の食として知られ，特に3月3日の桃の節句でよく作られる。桃の節句は，川で身を清める中国の風習に由来し，それが日本に伝わって自分のけがれを移した紙人形を川に流す祭礼となった。現代では，ひな人形を飾り，ちらし寿司やハマグリの吸い物，菱餅，ひなあられ，甘酒などをいただいて女の子の成長を祝う

▲ガメの葉饅頭／▶ちまき。5月5日の端午の節句によく作られた。端午の節句は菖蒲の節句ともいい，勝負につながることから，男子の成長を祝う日となった。ちまきは，邪気払いや兵糧としても用いられた保存食。ガメの葉饅頭は，サルトリイバラの葉で包んだ饅頭で，七夕祭りやよど（夏祭り），法事，盆などにも作られる

▼あちゃら漬け。夏の料理で，特にお盆に作られる。ポルトガル語で漬け物を意味する「アチャール」に由来するという。火を通した材料を調味液に漬け込むもので，西洋料理のマリネやエスカベーシュにも似ている。白ウリ，レンコンなどの夏野菜を縁起のよい奇数種用意してサッとゆで，鷹の爪を加えた甘酢（南蛮酢）に漬け込む

▲タラワタ／◀タラワタの照り煮（瀬高町・徳永乾物提供）。タラワタ（タラ胃）は，タラの骨と内臓の干物。お盆にはこれを甘辛く煮付け，そうめんなどとともに食べる。身の部分の「棒ダラ」を用いる場合もある。海魚が手に入りにくい山間部や盆地でのお盆のご馳走だった

▶クリおこわ。９月９日の重陽の節句は菊の節句とも呼ばれ，菊酒を飲み，クリおこわやクリご飯を食べて，無病息災と長寿を祈る。元々は，縁起がよい奇数（陽数）の中でも最も大きな9が重なることに由来するが，9が久（永久）にもつながるので長寿を祝う日になった。この日は「おくんち」とも呼ばれ，旧暦に合わせ10月初旬に祭りが行われる

◀能古島・白髭（しらひげ）神社の供物（福岡市博物館提供）。秋の収穫祭・宮座（みやざ）では，御神酒，塩，饌米（せんまい。洗った米），餅，タイ，野菜，果実などが供えられる。同社の供物は「盛物（もりもん）」と呼ばれ，わらづとに入れたオゴク（御幣餅）や柿，クリ，ミカンなどの秋の実りを串に刺して桶に盛る

◀福岡市西区草場の丑（うし）祭りの供物（福岡市博物館提供）。旧暦の2月と11月の初丑の日を農家では丑さま，丑どんと呼び，餅や御神酒などをお供えする。2月は山から田の神（山の神）を迎え田作りの無事を願い，11月には山へ帰る神に収穫を感謝する。農家では農作業の担い手であった牛が大切にされていたため，土用（立春・立夏・立秋・立冬の前の18日間）の丑の日と結びついて生まれた風習であろう

▶福岡市東区奈多・志式（ししき）神社の早魚（はやな）行事（福岡市博物館提供）。毎年11月19日の秋の大祭に奉納される神事で，集落を東西に分け，2組の若者たちが古式に則りまな板の上のタイをさばく早さを競う。勝った方の地区は豊漁になるといわれている。また，太宰府市通古賀の王城（おうぎ）神社の宮座では，真魚箸を用いてタイに手を触れることなく調理する真魚箸（まなばし）神事が行われる

◀川底柿の干し柿（上毛町産業振興課提供）。干し柿は晩秋の風物詩。豊前市合河（ごうがわ）地区の川底柿は小倉藩主・小笠原家への献上品にもなった。渋柿で，干し柿以外にもあおし柿（焼酎に漬けて渋みを抜く）などにした。以前は家の境などに柿の木を植えることが多く，実や柿の葉を使った料理，木の部分なども含め，家庭での利用は多かった

▶いとこ煮。冬至にはカボチャを食べたり，ユズ湯に入ったりする風習がある。いとこ煮はカボチャと小豆，だんごなどを一緒に煮たもので，固いものから順に「おいおい（甥）煮る」「めいめい（姪）煮る」に掛けた名称であるという。正月の支度にとりかかる「お事始め」に由来するという説もある

◀北九州市八幡西区木屋瀬・須賀神社の恵毘須料理（撮影協力＝須賀神社氏子総代会）。12月には各地の神社で豊漁・豊作，商売繁盛を願う恵比須祭が行われる。同社では遠賀川でとれたフナを供物にする風習があり，恵毘須料理というお膳が出される。中でも寒ブナとダイコンを用いた煮物「煮こごりダイコン」（こごりダイコンともいう。１日経つと魚のゼラチン質が凝固して煮こごりができることに由来）は特徴的である

▶よろずかけ（福岡市博物館提供）。志賀島の漁村では，塩ブリもしくは塩サワラ，スルメ，コンブ，干し柿など山海の幸を荒神棚の下につり下げ，航海安全と大漁を祈願する。正月飾りの「すすみて」（わらで作った舟型飾り）とともに，12月30日から翌年の１月20日まで飾られる

◀志賀島の七符（ななふ。福岡市博物館提供）。七福とも書く。志賀島では，41歳になると初老賀（しょろうが）といって厄に入り，厄除けのため梅の植樹をする。3年後の44歳の年に，厄払いのため，その梅の木の下で祝宴を開く。この時，酒の肴として豆腐，麩，フキなど「フ」（幸運の意）のつく食材7種が入った和え物を食べる

▶箱熨斗（のし）とハコフグ（福岡市博物館提供）。熨斗はお祝い事全般に使われる飾り。元々はアワビを薄く切り干したもので，乾燥させたハコフグを用いる地域もあった。アワビには発展と繁栄の祈り，フグは福に通じることから幸福への願いが込められている。古来から武士の出陣祝いなどで使用されてきたが，今では簡素化されて色紙や印刷などになっている

◀ぬたえ（スタジオ・サムシング提供）。正月，放生会やおくんちなどの秋祭りの際によく作られる。イワシやアジ，イカなどの魚介類とダイコンやニンジンなどの野菜を酢味噌で和えたもの。昔はタニシなども使われた。どろりとした様子を沼地や水田にたとえて「沼田和え」と呼ばれるようになった。短くして「ぬた」ともいう

市場

新鮮な食品が集まる市場。店の人に聞けば、産地、収穫時期、そして料理の仕方まで教えてくれる。顔なじみになれば、おまけまでついてくる。各地の市場は、まさに「地産池消」の舞台となっている。

西新リヤカー部隊

福岡市早良区西新

若者と買い物客であふれる西新。ボヤボヤ歩いていると、自転車に乗った高校生が目の前を通る。周辺には高校や大学があり学生の街といわれるが、それよりも元気なのはリヤカー部隊のおばちゃんたち。午後一時、リヤカーに野菜や果物、花などをいっぱい積んで、西新中央商店街にずらりと並ぶ。昔は百台以上あったそうだが、今は三十三台になったという。

柳橋連合市場

福岡市中央区春吉

那珂《なか》川に架かる柳橋のたもとに柳橋連合市場がある。現在七十軒あまりの店があり、十三店が鮮魚を扱っている。通路幅が一メートルほどしかなく、正月前などは前に歩くのも難しいほどごった返す。

設立は大正七（一九一八）年と古い。昭和初期から明《あきら》市場・サービス市場・中央市場などがバラバラに商売をしていたが、戦後、各市場が連合を組んだ。

朝早くは料理屋、寿司屋の板前さんや屋台の人が仕入れに来る。いわゆる、プロ向けの商いである。昼から夕方にかけては家庭の主婦が気軽に買い物をし、出張帰りの人が新鮮な魚を求めて立ち寄ることもある。そんなに広い市場ではないが、歴史も古く、その知名度と信用が「博多の台所」と呼ばれる所以である。

旦過市場

北九州市小倉北区紺屋町

JR小倉駅から北九州モノレールの高架下を十分ほど歩くと旦過《たんが》市場がある。大正初期、魚を積んだ船がこの辺りに停泊して商売を始め、近くの農家も野菜や果物を持ちよるようになったという。昭和十八（一九四三）年には一度撤去されたが、戦後すぐに復興して現在は一六〇ほどの店舗がある。

響《ひびき》灘や周防《すおう》灘の鮮魚を扱う店、野菜、果物、食肉、塩乾物、漬け物、惣菜などの店があり、狭くて長い通路の両側に活気あふれる声が飛び交う。小倉ならではのフグや行橋《ゆくはし》方面から来る大きなシジミ、苦味の少ないローマ春菊などが所狭しと並んでいる。中でも、サバ・イワシの糠味噌煮や床漬けの店、鯨肉の店は、さすが小倉と思わせる品揃えである。

屋台

昼間は忙しそうなビジネスマンや買い物客が行き交う街。
夜になると、歩道脇や公園に一軒、また一軒と小さな店が現れる。
香港や東南アジアの国々に見られるような、賑やかな「夜の顔」である。

福岡県内では、福岡市の博多、中洲、天神、長浜、箱崎、北九州・小倉や久留米などに屋台街が発達してきた。

福岡の人が屋台を好む理由は、第一に「気安さ」。店の中が見えるし、どんな料理を出しているかもわかり入りやすい。第二に「客と客、客と店主とのふれあい」。一人で入っても、長いすに隣りあって座ると、いつの間にか昔からの友人であったかのように話が弾む。

天神界隈の屋台には、仕事帰りのサラリーマンが立ち寄り、中洲の川べりに並ぶ屋台には、バーなどに飲みにいく前の人が腹ごしらえをしたり、飲んだ帰りにラーメンなどを食べに寄る。さらに、大抵の店が夜中まで営業しているので、深夜族や夜遅くまで働く人にとっても便利である。また、小倉・旦過の屋台は酒を置かないことで知られており、女性や家族連れも気軽に食事を楽しむことができる。

天神・中洲の屋台で扱う料理はラーメン、おでんを筆頭に焼き餃子、水餃子、焼き鳥、モツ鍋、天ぷら、イタリア料理他様々なものがあり、何と屋台のバーまである。旦過の屋台は各店の専門性が比較的高く、おでんやおはぎが名物として

右：中洲の那珂川沿いの屋台
上：小倉・旦過の屋台（はる屋）

知られている。また、久留米には歴史の古い屋台が多く、ラーメンや焼き鳥を始め、チャンポンや餃子、ウナギ料理なども扱っている。

前述のように旦過の屋台では酒を置かないことになっているが、博多の屋台でも営業品目についての禁止事項があり、「メニューの数は少なくすること」「生物（刺身など）は出してはいけない」「出す直前に煮る、焼く、揚げる、炒めるなど、加熱したものに限る」となっている。

そもそも、屋台のルーツは江戸時代に始まる「振り売り」（天秤などに食べ物や品物をのせて町を売り歩く）で、それがそばを担いで売り歩く夜鷹《よたか》そばや風鈴そばに発展した。その後、鮨、天ぷら、ウナギの蒲焼き、しるこ、だんごなどを扱うものも現れた。屋台が発展した理由は、江戸七輪（炭代が七厘《りん》で間に合うことからその名がついた）が作られ、火の持ち運びができるようになったからである。

博多では、戦後の昭和二十（一九四五）年、焼け野原となった町に、どこから調達してくるのか、色んな食べ物を売る闇市ができ、少しずつ屋台の形となった。一時は屋台の全面廃止という動きもあったが、何とか営業許可を獲得し現在に至っている。しかしながら、屋台営業者にとってはまだまだ風当たりが強く、市民と行政と営業者で話し合って、よりよい方向に行くことを一市民として願う。

まさに「屋台があるけん福岡たい」である。

▲縄文時代後期のすり石と石皿（福岡市早良区・四箇遺跡群出土。福岡市埋蔵文化財センター蔵，福岡市博物館提供）

食の道具

人間は、おいしいものをより手軽に作るため、道具を作り出してきた。そして、道具の発展が、また新たな料理を生み出してきた。ここでは道具に注目して、食のスタイルの変遷を辿ってみたい。

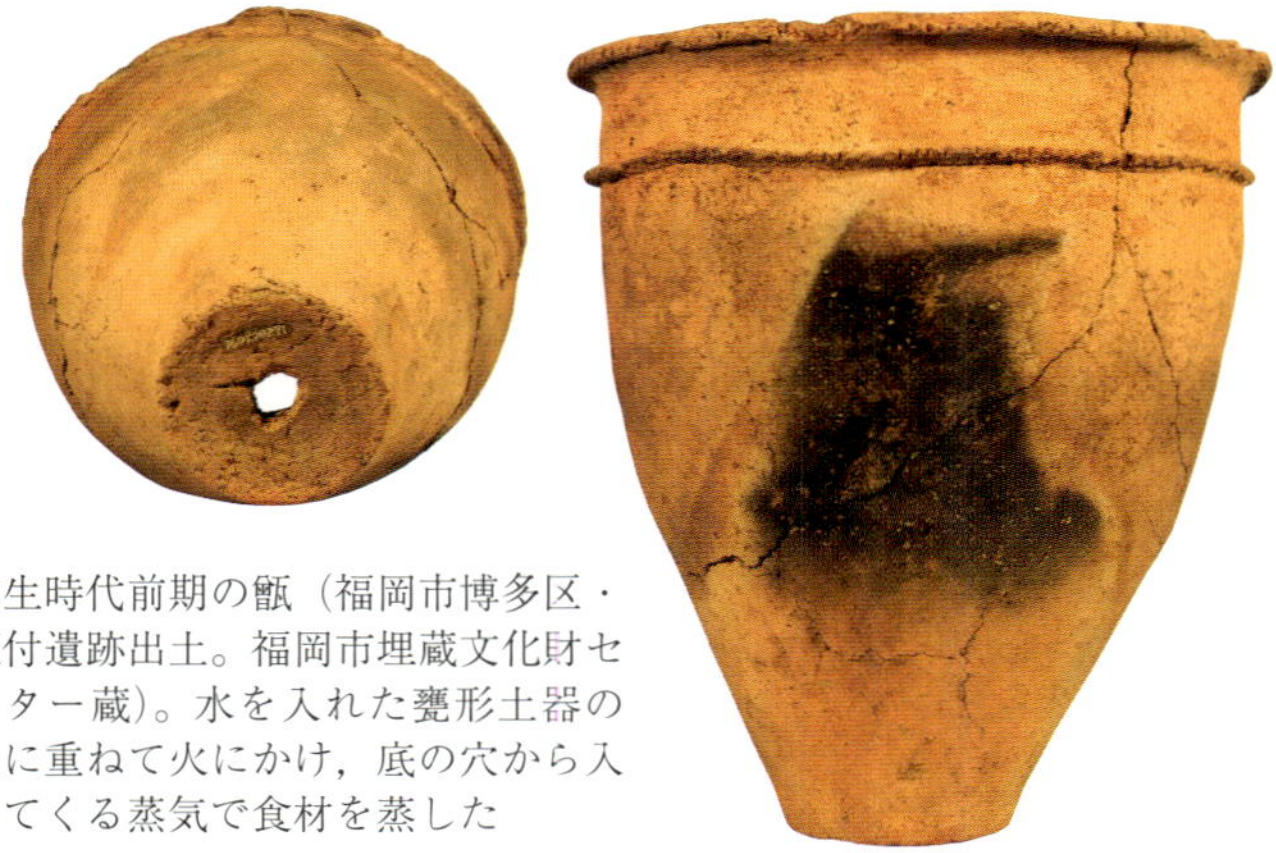

弥生時代前期の甑（福岡市博多区・板付遺跡出土。福岡市埋蔵文化財センター蔵）。水を入れた甕形土器の上に重ねて火にかけ，底の穴から入ってくる蒸気で食材を蒸した

古代

人間が二足歩行を始めたのは、手に道具を持つことが生きるため（食物を得るため）に必要であったからと考えられている。この道具により、自分よりも大きな動物や魚介類をとることができるようになった。

縄文時代は、今の生活スピードで考えると、とてつもなく長い。数千年もの時間の中で、竪穴住居を造り、土器を作り、固い木の実や肉は石や台石を使い叩いてつぶし、焼いたり、土器に入れて煮たりしていた。

弥生時代には水稲耕作が定着し、調理器具として土器（壺、甕《かめ》など）と木器（鉢、皿、杓《しゃく》）が使われ始めた。古墳時代には甑《こしき》、土釜などを使い、姫飯《ひめいい》や強飯《こわいい》

▲中世のまな板と包丁（博多遺跡群出土。福岡市埋蔵文化財センター蔵，福岡市博物館提供）

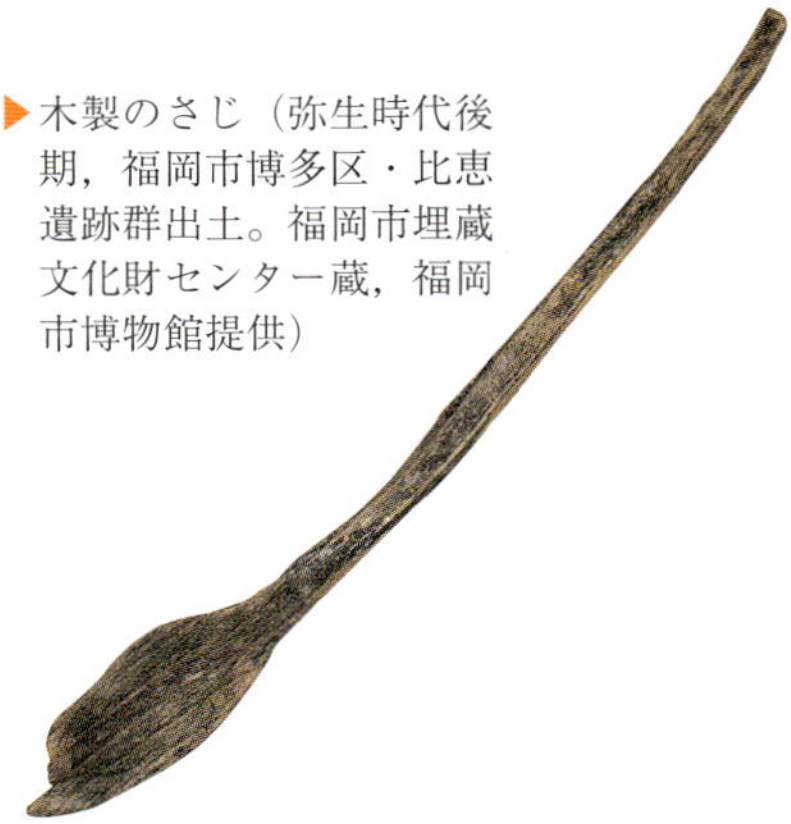

▶木製のさじ（弥生時代後期，福岡市博多区・比恵遺跡群出土。福岡市埋蔵文化財センター蔵，福岡市博物館提供）

▲中世の折敷，皿，箸（博多遺跡群出土。福岡市埋蔵文化財センター蔵，福岡市博物館提供）

▲中世の土鍋（福岡市西区今津出土。福岡市埋蔵文化財センター蔵，福岡市博物館提供）

が作られた。また、朝鮮半島からは竈《かまど》や須恵器《すえき》が伝えられ、土器の種類も多くなった。

　奈良時代には社会体制が確立され、食材も増えていく。調理法もゆで物、羹《あつもの》（汁物の一種）、和え物、煎り物が加わり、干物や漬け物などの加工食品や調味料も多く見られるようになった。調理器具では包丁、まな板、土鍋、杓子《しゃくし》が使われ、料理を作るための専門家が現れた。平安期には箸、さじも普及し、唐菓子など唐文化の影響も見られる。しかし、これはあくまで貴族階級のみであった。

中世

　鎌倉幕府ができ、禅宗が伝えられ、それに伴って精進料理が広まり、豆腐、味噌、茶、うどん、そうめんなどが入ってきた。調理器具として注目すべきは、今も使われているすり鉢、すりこぎである。

　室町時代に入ると四条流や大草流という料理の流派が確立され、また饗応食としての本膳料理が考え出され、武家や公

◀提げ重（松尾家蔵，北九州市立長崎街道木屋瀬宿記念館提供）。花見や山菜つみなど行楽の際に，料理を詰めた重箱や取り皿，盃などを入れて持ち運んだ

▲御膳（松尾家蔵，北九州市立長崎街道木屋瀬宿記念館提供）

▼博多曲物（福岡市博物館蔵）。杉やヒノキの板を曲げ，桜の皮でとじ合わせて作る。現在でも飯櫃や弁当箱として使われる

▼はんぎり（福岡市博物館蔵）。すし桶やこね鉢，大型のものはたらい舟にも用いられた

家の食事は豪華なものであった。

安土・桃山時代には、ポルトガル人やスペイン人が来て南蛮料理、南蛮菓子が国内に入ってきた。また、茶の湯の流行に伴って懐石料理が生まれ、季節の材料を使い、温かい料理を順番に出すようになった。これが、以降の日本料理の基本の考え方となる。また、一汁三菜（ご飯、汁、おかずが三品、香の物）という膳組みは、現在でも残っている。

近世

徳川幕府二六〇年の間に、新田開発、治水工事、港・街道の整備がなされる中、食生活については、鳥、魚介類、野菜など食材も多くなり、寒天・葛粉を使った寄せ物や揚げ物料理が見られるようになった。

また、この時代の大きな特徴として、文化・文政期（一八〇四－三〇年）には江戸の町に料理屋ができ、料理人（板前）が腕を競った。さらに、手軽に食べられる屋台（そば、うどん、鮨、天ぷら、

▶羽釜（久留米市蔵）。「羽」とはかまどにかけるためにある，胴体中央部の「つば」のこと。木製の分厚い蓋がふきこぼれを防ぐ

◀七輪（久留米市蔵）

▼挽き臼（久留米市蔵）。醤油や豆腐を作る際に，小麦や大豆などを挽くために用いられた

▼蒸籠（筑紫野市歴史博物館蔵）。家庭用の蒸し器で，味噌を作る際に白米を蒸すのにも使われた

ウナギ）も見られ、江戸の人々は外食を楽しむようになったのである。調理器具を見てみると、羽釜や江戸七輪、角蒸籠《かくせいろ》、はんぎりなどが登場する。また、数多くの料理書も出され、家庭でも様々な料理が作られていたと思われる。

近代

明治に入ると、食文化においても西洋化が進み、明治五（一八七二）年には肉食奨励のため、天皇自ら牛肉を試食された。これ以後、牛鍋屋や西洋料理屋ができたが、家庭で肉料理を作るまでには至らない。調理器具については、明治から大正にかけ、西洋料理の一般家庭への普及と、ガス・電気の供給により、ガスかまど、氷冷蔵庫、フライパン、打ち出し鍋の出現を見る。

明治後半から大正にかけて西洋化志向が進み、和洋折衷《せっちゅう》料理の代表であるトンカツ、カレー、コロッケが人気となり、現代に受け継がれている。また、この頃から、ちゃぶ台で食事をとるようになっ

◀木製冷蔵庫（甘木歴史資料館蔵）。昭和初期のもので，当時は貴重品であった。上の棚に氷を入れ，下段の中のものを冷やした

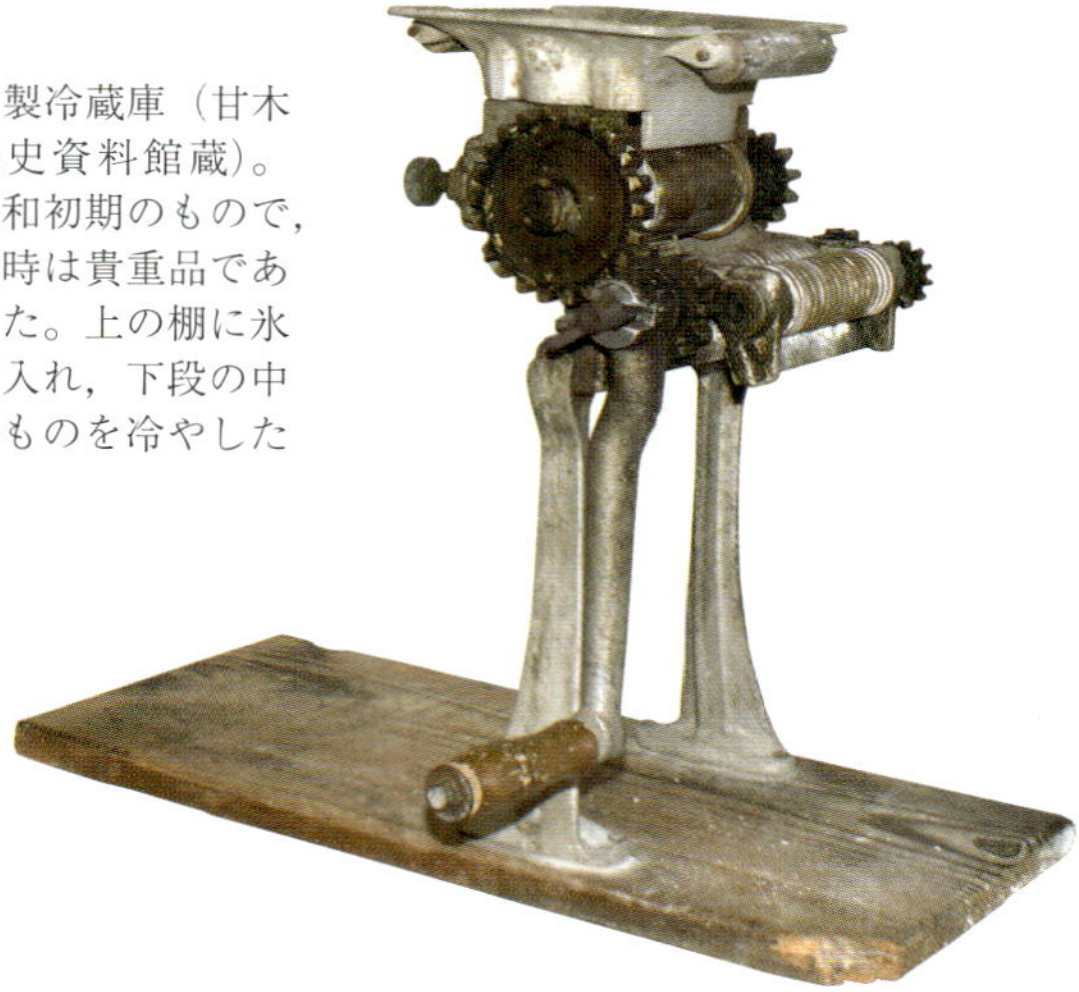

▲家庭用製麵機（久留米市蔵）。筑後地方では小麦の生産が盛んで，各家庭ではうどんを手づくりしていた

◀ちゃぶ台（久留米市蔵）。大正期から昭和40年頃まで一般的に用いられた折りたたみ式のテーブル。ちゃぶ（卓袱）とは中国のテーブル掛けのことで，転じて食事の意味を持つようになったという

た。調理器具においては水道の普及により、ガス文化調理台やアルマイト蒸器、無水鍋、集団給食用の回転釜などが出現し、洋風料理の作り方や栄養についての話題も新聞で見られるようになった。

現代

戦中・戦後の食料不足や、代用食の苦しい時を経て、高度経済成長を遂げた日本であるが、昭和三十（一九五五）年頃を境に食生活の大きな変化が起こる。それは、調理器具の電化とスーパーマーケットの出現によるものである。自動炊飯器、電気冷蔵庫、ミキサー、トースター、オーブンなどの調理器具が普及し、スーパーで手軽に食材が求められるようになったのである。

２DKなる公団住宅やマンションには、コンパクトなセットキッチンが設備され、食事をする場所もちゃぶ台からテーブルとなった。このため昔の台所にあった土間や、保存料理を作るための空間がなくなり、簡単な料理を短時間で作るように

▲電気炊飯器

▶おひつ

▲保温ジャー

▼つりこしじょうけ

▶いぐり

炊いたご飯をおひつに入れ，それを保温するためいぐりに入れた。夏は濡れぶきんに包んだご飯をつりこしじょうけに入れ，風通しのよい所にさげた。また，初期の電気炊飯器には保温機能がなく，おひつや保温ジャーに入れ替えていた（久留米市蔵）

なったのである。

昭和から平成になり、グルメブームなる言葉も古く感じられるようになったが、食事の二極化は拡大している。一方は内食といわれ、家庭で素材から手づくり料理をする人たち。もう一方は中食（カップ麺や出来合いのお惣菜を買って家で食べる）と外食（ファストフード店、ファミリーレストランなどで食べる）をする人たちである。

食品の加工技術や調理器具の開発によって、簡単に調理ができ便利になったように見えるが、牛肉のＢＳＥ問題や偽装表示など、食の安全・安心が揺らいでいる。日本の食料自給率はカロリーベースで四〇パーセントを割り、ほとんどの食品が外国のものであり、生産者の顔も見えない。今後、バイオエネルギー問題も含めて食料の確保は困難になると思われる。

健康で楽しく、おいしい食事をするために、もう一度食生活を考え直していかなければならない。

2006年
『博学博多　ふくおか深発見』西日本新聞社，2007年
南英作・村岡忠行『福岡人気の朝市・直売所めぐり』九州人，2007年
『福岡の顔』福岡市，2007年
『玄海のさかな』福岡県筑前海沿岸漁業振興協会
『豊前海のさかな』福岡県豊前海漁業振興基金
『有明海のさかな』福岡県有明海漁業協同組合連合会
『食卓の向こう側』１－10，西日本新聞社
「麵の世界」第１－11号

日本の食文化全般

日本風俗史学会編『図説江戸時代食生活事典』雄山閣出版，1978年
川上行蔵編著『料理文献解題』柴田書店，1978年
松下幸子『祝いの食文化』東京美術，1991年
『たべもの日本史総覧』新人物往来社，1993年
小菅桂子『近代日本食文化年表』雄山閣出版，1997年
森枝卓士『アジア菜食紀行』講談社現代新書，1998年
石毛直道監修『講座食の文化２　日本の食事文化』味の素食の文化センター，1999年
石毛直道監修『講座食の文化３　調理とたべもの』味の素食の文化センター，1999年
小泉武夫『食と日本人の知恵』岩波現代文庫，2002年
小泉和子『和食の力』平凡社新書，2003年
こぐれひでこ『こぐれひでこの発見！郷土食』日本放送出版協会，2004年
江後迪子『南蛮から来た食文化』弦書房，2004年
原田信男編著『日本ビジュアル生活史　江戸の料理と食生活』小学館，2004年
原田信男『和食と日本文化　日本料理の社会史』小学館，2005年
川上行蔵・小出昌洋『完本日本料理事物起源』岩波書店，2006年
山口昌伴『台所の一万年』農山漁村文化協会，2006年
向笠千恵子『日本の旅ごはん』小学館，2006年

食に関するホームページ

九州農政局
http://www.kyushu.maff.go.jp/
クロスロードふくおか（福岡県観光連盟）
http://www.crossroadfukuoka.jp/daihyakka/
ＪＡ福岡中央会
http://www.ja-fukuchu.org/index.html
筒井ガンコ堂がすすめる「九州のすごかグルメ」（ＪＲ九州）
http://www.gankodo.net/index.cgi
ニッポン食育ネット
http://nipponsyokuiku.net/
農山漁村の郷土料理百選（農林水産省）
http://www.rdpc.or.jp/kyoudoryouri100/index.html
農山漁村文化協会
http://www.ruralnet.or.jp/
福岡観光コンベンションビューロー
http://www.welcome-fukuoka.or.jp/
ふくおか食育ひろば（福岡県農政部生産流通課）
http://f-syokuiku.com/index.html

より詳しく知るための

参考文献・ホームページ案内

福岡県の食文化については，まず，図書館の料理や食品，食育，産業（農林水産業），もしくは郷土資料のコーナーで調べてみることをお勧めします。各地域の料理・名産品については，市町村発行の史誌類（民俗部分）や広報誌にも詳しく書かれています。最近は食育や地産地消への関心も高まっており，関係団体のホームページで食材や料理の情報を知ることもできます。食生活や道具の変遷については，博物館や歴史・民俗資料館などで展示が行われていることも多いようです。散策がてら，各地の郷土料理店や市場，生鮮物直売所を訪ねてみてはいかがでしょう。

主要参考文献

▷福岡県の食文化全般

『味のふるさと13　福岡の味』角川書店，1978年

森山邦人・光安欣二『志賀島の四季』九州大学出版会，1981年

楠喜久枝『福岡県の郷土料理』同文書院，1984年

陣内十三子『柳川の料理　ノスタルジアを食べる』花曜社，1984年

長尾トリ『ごりょんさんの博多料理』葦書房，1985年

石毛直道他編『日本の郷土料理11　九州1』ぎょうせい，1986年

『日本の食生活全集40　聞き書き福岡の食事』農山漁村文化協会，1987年

丸山雍成「近世における大名・庶民の食生活」（「九州文化史研究所紀要」38号，九州大学，1993年）

『福岡県文化百選6　味編』西日本新聞社，1993年

高木正人『有明海』1994年

松本廣責任編集『筑豊原色図鑑』筑豊千人会，1997年

『民俗料理はいかが？』筑紫野市歴史博物館ふるさと館ちくしの，1999年

「FUKUOKA STYLE」Vol.28，福博綜合印刷，2000年

『太宰府の昔料理』太宰府食研究会，2001年

中山美鈴『ふるさとの食卓』葦書房，2001年

『新柳川明証図会』柳川市，2002年

橋爪伸子「宗湛に学ぶ食文化」（「西日本文化」384，西日本文化協会，2002年）

山際千津枝『おなかすいてない？』海鳥社，2004年

岸本充弘『関門鯨産業文化史』海鳥社，2006年

豊田謙二監修『九州宝御膳物語』西日本新聞社，2006年

戸谷満智子『食の歳時記』海鳥社，2006年

『伝承写真館　日本の食文化11　九州1』農山漁村文化協会，2006年

『よかとこ久留米ものしり事典』久留米観光コンベンション国際交流協会，

た

な

は

ま

や

ら

わ

索　引

ここでは，本文中で紹介した料理・加工品・食材のうち，写真を掲載したもの，調理法などの説明があるもの，その地域固有のものを中心に掲げています。なお，太字は写真を掲載しているページです。

あ

か

さ

執筆者及び写真撮影・提供者（数字は写真掲載ページ）

松隈紀生（中村学園大学短期大学部教授）10・21下・23・47・53・58下右・61・63上・75上・87・128下・129下
竹川克幸（九州大学文学部）82・84・109・126中
半田隆夫（九州共立大学講師）
森　弘子（福岡県文化財保護審議会専門委員）
西田陽子（お食事処「花里菜」店主）
山際千津枝（料理研究家）69・70上・71上・72
平野津代子（管理栄養士）
平尾和久（伊都国歴史博物館）96
奥山忠政（季刊誌「麵の世界」編集長）
橋爪伸子（香蘭女子短期大学准教授）100・102下
嶋村初吉（西日本新聞社編集局）
﨑村弘文（久留米大学教授）
楠喜久枝（中村学園大学名誉教授）29・30・50・56・59上左・62下・80上・81・113・122下・123上・124中・126上
西表　宏（香蘭女子短期大学教授）
木下陽一（写真家）7・11・12・16・18・42・66・89・118・128上・130
野村一郎（写真家）1・4下・19・20・21上・22・27・34・35・36下・37・39・40・41・45・46・49・51・57下・62上・63下・64・65・68・70下・71下・74・76・92・93・106・123下・131
栗原隆司（写真家）79

アクロス福岡文化誌編纂委員会

会　　長　武野要子（福岡大学名誉教授）
副 会 長　西表　宏（香蘭女子短期大学教授）
監　　事　稲永裕二（福岡県生活労働部生活文化課）
委　　員　飯田昌生（元テレビ西日本・ＶＳＱプロデューサー）
　　　　　池邉元明（福岡県教育庁総務部文化財保護課）
　　　　　加藤哲也（株式会社財界九州社編集部）
　　　　　河村哲夫（福岡県文化団体連合会専務理事）
　　　　　木下陽一（写真家）
　　　　　嶋村初吉（西日本新聞社編集局）
専門調査員　竹川克幸（九州大学文学部）
事務局長　池田博昭（財団法人アクロス福岡事業部長）
事 務 局　坂本いより（財団法人アクロス福岡）
　　　　　西　俊海（同右）
　　　　　津元　忍（同右）

アクロス福岡文化誌 2
ふるさとの食
■
2008年 2 月 1 日　第 1 刷発行
■
編　者　アクロス福岡文化誌編纂委員会
■
発行所　アクロス福岡文化誌編纂委員会
〒810-0001　福岡市中央区天神 1 丁目 1 番 1 号
電話092（725）9115　FAX092（725）9102
http://www.acros.or.jp
発売　有限会社海鳥社
〒810-0074　福岡市中央区大手門 3 丁目 6 番13号
電話092（771）0132　FAX092（771）2546
印刷・製本　大村印刷株式会社
ISBN 978-4-87415-662-9
http://www.kaichosha-f.co.jp
［定価は表紙カバーに表示］

『アクロス福岡文化誌』刊行について

古来よりアジアと九州を結ぶ海路の玄関口、文明の交差点として栄えてきた福岡は、大陸文化の摂取・受容など文化交流の面で先進的な役割を果たしてきました。

「文化」とは時代が変化していく中で育まれた「ゆとり」「安らぎ」など心の豊かさの副産物、つまり精神充実の賜物であり、国や地域、そこで生活する人々を象徴しています。そして、文学、歴史、学問、芸術、宗教・信仰、民俗、芸能、工芸、旅、食など様々な分野へと発展し、人類の貴重な財産として受け継がれてきました。

科学や情報技術が進歩し、心の豊かさが求められている現在、「文化」の持つ意味・役割に改めて注目し、その保存・継承、充実を図ることは、日本社会を活性化するための重要な鍵になると考えます。

この『アクロス福岡文化誌』は財団法人アクロス福岡が進める文化振興事業の一環として、福岡の地域文化、伝統文化の掘り起こしや継承、保存活動の促進を目的に刊行するものです。また、福岡に軸足を置きつつ、九州、アジアにも目を向け、ふるさとの文化を幅広く紹介し、後世に伝えていきたいと考えています。

この文化誌が地域活性化の一助、そしてアジア―九州―福岡をつなぐ文化活動の架け橋になれば幸いです。

アクロス福岡文化誌編纂委員会 会長 武野要子

財団法人アクロス福岡 館長 白石 司